開目抄講義 上

池田大作

聖教新聞社

池田大作先生

開目抄講義（上）

目次

一、本書は、「大白蓮華」に掲載された「開目抄講義」の二〇〇四年五月から二〇〇五年二月までを『開目抄講義（上）』として収録した。

一、御書の引用は、『日蓮大聖人御書全集』（創価学会版、第二七八刷）に基づき、ページ数は（全〇〇㌻）と示した。『日蓮大聖人御書全集　新版』（創価学会版）のページ数は（新〇〇㌻）と示した。

一、法華経の引用は、『妙法蓮華経並開結』（創価学会版）を（法華経〇〇㌻）と表記した。

一、仏教用語の読み方は、『仏教哲学大辞典』（第三版）を参照した。

開目抄講義（上）

第1回「開目」——大聖人に目を開《ひら》け 民衆に目を開け

講義にあたって

宗教は人間性の柱《はしら》です。

哲学《てつがく》は人生の骨格《こっかく》です。

創価学会は、「剣豪《けんごう》の修行《しゅぎょう》」ともいうべき教学研鑽《きょうがくけんさん》の力《ちから》によって前進《ぜんしん》してきました。日蓮大聖人から直接《ちょくせつ》、御指導《ごしどう》を受けるごとき思いで御書を開き、信行学《しんぎょうがく》を深《ふか》め、勇気《ゆうき》を奮《ふる》い起《お》こして広宣流布《こうせんるふ》の一切《いっさい》の闘争《とうそう》に勝利してきました。「御書根本《こんぽん》」の前進に、行《い》き詰《づ》まりは断《だん》じてありません。

私の耳朶《じだ》には、今も絶《た》えず、戸田先生から受けた御書講義が響《ひび》きわたっています。

戸田先生の講義には、生命論あり、幸福論あり、国家論《こっかろん》あり、文化論あり、平和論、人物論、組織論、師弟論《していろん》ありで、闊達《かったつ》な展開《てんかい》を通して、大聖人の仏法を現代に、また、生活に、社会にと蘇《よみがえ》らせる力《ちから》がありました。

そして、何よりも、御書を通して〝地涌《じゆ》の菩薩《ぼさつ》〈注1〉の皆さん、一国を救《すく》う闘争《とうそう》に立ち上がろう〟と呼《よ》びかけ、一人《ひとり》ひとりの生命の奥底《おうてい》から「使命感《しめいかん》」と「勇気《ゆうき》」を呼び覚《さ》ます慈愛《じあい》の指導をされた。

このように万人《ばんにん》が「地涌の菩薩」であるとの御書の拝《はい》し方《かた》は、大聖人滅後《めつご》七百年間、絶《た》えてなかった拝し方であったと確信《かくしん》します。戸田先生ご自身が、獄中《ごくちゅう》の悟達《ごだつ》〈注2〉に基《もと》づく深《ふか》き地涌の使命の自覚《じかく》から御書を講義されていたからです。

私自身にとっても、戸田先生の講義が、人生を決定する機縁《きえん》となったことは言うまでもありません。

運命的《うんめいてき》な戸田先生との出会いも「立正安国論《りっしょうあんこくろん》」の講義の時のことでした。そして、入信後、聴講《ちょうこう》した法華経講義。また、折々《おりおり》の早朝講義でうかがった、深遠《しんえん》なる日蓮仏法の哲理《てつり》――。戸田先生は、まさに講義の達人《たつじん》でした。感銘《かんめい》のあまり、「講義に、無技術《むぎじゅつ》の講義、

技術《ぎじゅつ》の講義、芸術《げいじゅつ》の講義あり」と思った記憶《きおく》もあります。

私も、戸田先生の弟子《でし》として、常に御書講義の最前線《さいぜんせん》に立ち、多くの友に大聖人の仏法を訴《うった》えきってきました。

大聖人の正義《せいぎ》の師子吼《ししく》は、万人《ばんにん》の生命に潜《ひそ》む魔性《ましょう》を打《う》ち破《やぶ》る最大の力《ちから》です。相次《あいつ》ぐ大難《だいなん》を乗《の》り越《こ》えられた大聖人の大生命力の響《ひび》きは、苦難《くなん》と戦《たたか》う人々に勇気《ゆうき》と希望《きぼう》を、そして確信《かくしん》と歓喜《かんき》を贈《おく》ってくださる。

そしてまた、甚深《じんじん》の思索《しさく》のお言葉は、私たちに広宣流布《こうせんるふ》と人生の正《ただ》しい軌道《きどう》を示《しめ》されております。

ゆえに「御書根本《こんぽん》」こそ、生活と人生においても、広宣流布の戦いにおいても、「勝利への正しい軌道」なのです。

私どもの願《ねが》いは、二十一世紀を「民衆《みんしゅう》の勝利」「青年の勝利」そして「人間の勝利」の世紀にしたい――この一点にあります。世界は、いよいよ人間主義の宗教を待望《たいぼう》しています。その新時代を開《ひら》く要《かなめ》として、また、大切な会員の糧《かて》として、大聖人の大師子吼であられる「開目抄《かいもくしょう》」の講義を開始することにしました。

「生命の世紀」「人間の世紀」を樹立《じゅりつ》するためにも、日蓮仏法の精髄《せいずい》と、その正統教団《せいとうきょうだん》である創価学会の正義《せいぎ》を語《かた》っておきたい。そして、創価学会の魂《たましい》の根幹《こんかん》を残《のこ》していきたい。哲学《てつがく》は勝利のための戦《たたか》いの源泉《げんせん》であります。

崇高《すうこう》にして深遠《しんえん》なる実践《じっせん》哲学である日蓮仏法を真剣《しんけん》に学《まな》び、生命に刻《きざ》む皆様は、永遠《えいえん》の〝哲学博士〟となることは間違《まちが》いありません。一人《ひとり》ひとりが、深《ふか》まる現代社会の闇《やみ》を、希《き》望《ぼう》の経典《きょうてん》、永遠の宝典《ほうてん》の光明《こうみょう》で照《て》らし、人間世紀を創造《そうぞう》する哲学の勇者《ゆうしゃ》に育《そだ》ちゆくことを念願《ねんがん》し、講義を始めます。

講義

「開目《かいもく》」――。

まさに「開目抄《かいもくしょう》」全編《ぜんぺん》の主題《しゅだい》は、「開目」というこの題号《だいごう》に尽《つ》きているともいえます。

本抄の御真筆《ごしんぴつ》は現存《げんそん》していませんが、本文を認《したた》められた六十五枚の和紙《わし》と、大聖人御自《おんみずか》ら表紙として「開目」と書かれた和紙一枚の計六十六枚から成《な》っていたとの記録《きろく》があります〈注3〉。

「開目《かいもく》」とは、文字通り「目を開《ひら》く」ことです。また、「目を開け」という大聖人の呼《よ》びかけと拝《はい》することもできる。

閉《と》ざされた心の目を、どう開いていくのか。無明《むみょう》〈注4〉の闇《やみ》を、いかなる光明《こうみょう》で照《て》らしていくのか。その解決《かいけつ》の道を開かれたのが、末法《まっぽう》の御本仏《ごほんぶつ》・日蓮大聖人であられます。「一切衆生《いっさいしゅじょう》の救済《きゅうさい》」と「立正安国《りっしょうあんこく》の実現」を目指《めざ》し、あらゆる魔性《ましょう》と戦《たたか》う法華経の行者《ぎょうじゃ》としての闘争《とうそう》の炎《ほのお》は、北国の佐渡《さど》に流《なが》されても、いやまして燃《も》え盛《さか》っておられたと拝されます。

その大聖人の御心境《ごしんきょう》が示《しめ》されているのが、「開目抄《かいもくしょう》」のあまりにも有名《ゆうめい》な次の一節《いっせつ》です。

「詮《せん》ずるところは天《てん》もすて給《たま》え諸難《しょなん》にもあえ身命《しんみょう》を期《ご》とせん」（全二三二ページ・新一一四ページ）

「大願《だいがん》を立てん……我《われ》日本の柱《はしら》とならむ我日本の眼目《がんもく》とならむ我日本の大船《たいせん》とならむ等とちかいし願《ねがい》やぶるべからず」（同）

社会的に見れば、大聖人は流人《るにん》です。権力《けんりょく》の弾圧《だんあつ》による冤罪《えんざい》ではあっても、死罪《しざい》に次《つ》ぐ重罪《じゅうざい》の流刑《るけい》〈注5〉を受け、いわば、天然《てんねん》の牢獄《ろうごく》に入れられたに等《ひと》しい。しかし、大聖人の心を縛《しば》りつけるいかなる鎖《くさり》も存在《そんざい》するはずがなかった。

古今東西《ここんとうざい》の歴史《れきし》で、迫害《はくがい》の受難《じゆなん》に耐《た》え抜《ぬ》いた賢人《けんじん》・聖人《せいじん》は少なからず存在します。しかし、迫害の地で、人類《じんるい》を救《すく》う宣言《せんげん》をされたのは大聖人だけでしょう。

「我《われ》日本の柱《はしら》とならむ」

いかなる迫害も、あらゆる魔性《ましよう》も、民衆救済《みんしゆうきゆうさい》の誓願《せいがん》に立ち上がられた大聖人を阻《はば》むことはできなかった。

そして「内《うち》なる生命の法」に目覚《めざ》めた人間は、どれほど尊極《そんごく》な魂《たましい》の巨人《きよじん》になれることか。

日蓮仏法は、「人間宗」です。大乗仏教《だいじようぶつきよう》の精髄《せいずい》である法華経が開《ひら》いた「人間の宗教」の大道を確立《かくりつ》され、全人類の幸福と平和実現への方途《ほうと》を未来《みらい》に残《のこ》してくださったのが日蓮大聖人です。

まさに、大聖人こそ、人類の「柱」であり「眼目《がんもく》」であり「大船《たいせん》」であられる。

その「柱」を倒《たお》そうとしたのが、当時の日本の顚倒《てんどう》した権力者《けんりよくしや》であり、諂曲《てんごく》〈注6〉にして畜生道《ちくしようどう》〈注7〉の僧《そう》たちでありました。

佐渡《さど》の過酷《かこく》な環境《かんきょう》の中で御執筆《ごしっぴつ》

この「開目抄《かいもくしょう》」を書かれた由来《ゆらい》については、大聖人御自身《ごじしん》が「種種御振舞御書《しゅじゅおふるまいごしょ》」に詳《くわ》しく記《しる》されています。

「さて皆帰《みなかえ》りしかば去年《こぞ》の十一月より勘《かんが》えたる開目抄と申《もう》す文《ふみ》二巻造《つく》りたり、頸切《くびき》るるならば日蓮が不思議《ふしぎ》とど《留》めんと思いて勘えたり、此《こ》の文《もん》の心は日蓮によ《依》りて日本国の有無《うむ》はあるべし、譬《たと》へば宅《いえ》に柱《はしら》なければ・たもたず人に魂《たましい》なければ死人《しにん》なり、日蓮は日本の人の魂なり平左衛門《へいのさえもん》既《すで》に日本の柱をたを《倒》しぬ、只今世《ただいまよ》乱《みだ》れてそれともなく・ゆめ《夢》の如《ごと》くに妄《もう》語出来《ごしゅったい》して此の御一門《ごいちもん》どしうちして後《のち》には他国《たこく》よりせめらるべし、例《れい》せば立正安国論《りっしょうあんこくろん》に委《くわ》しきが如し、かやうに書き付けて中務三郎左衛門尉《なかつかささぶろうざえもんのじょう》が使《つかい》にとらせぬ」（全九一九ページ・新一二三八ページ）

〈通解〉「さて（塚原問答《つかはらもんどう》**〈注8〉**が終わり）、皆が帰ったので、去年の十一月から構想《こうそう》していた『開目抄』という書二巻を造った。これは、頸を斬《き》られるのであるならば、日蓮の不思議を留《とど》めておこうと思い、構想したのである。

この文《もん》の心は『日蓮によって日本国の有無《うむ》（存亡《そんぼう》）は決まる』ということにある。譬《たと》えば家に柱《はしら》がなければ保《たも》つことはできない。人に魂《たましい》がなければ死人《しにん》である。日蓮は日本の人の魂である。平左衛門《へいのさえもん》〈注9〉は既《すで》に日本の柱を倒《たお》してしまった。そのために、ただ今、世《よ》が乱《みだ》れて、いつのまにか夢《ゆめ》のように嘘《うそ》が横行《おうこう》し、この北条一門《ほうじょういちもん》が同士《どうし》打ちして、後には他国《たこく》から攻《せ》められるであろう。例《たと》えば『立正安国論《りっしょうあんこくろん》』〈注10〉に委《くわ》しく述《の》べたとおりである。このように思って（『開目抄《かいもくしょう》』を）書き記《しる》して、中務三郎左衛門尉《なかつかささぶろうざえもんのじょう》（四条金吾《しじょうきんご》）〈注11〉の使いに持たせた」

この一節《いっせつ》は、文永《ぶんえい》九年（一二七二年）二月の「開目抄」御執筆《ごしっぴつ》の時点での大聖人の思いを後に回顧《かいこ》されている内容ですが、まず「去年《こぞ》の十一月」つまり佐渡御到着直後《さどごとうちゃくちょくご》の文永八年十一月から「開目抄」を構想《こうそう》されたと仰《おお》せです。

大聖人が極寒《ごっかん》の地・佐渡の塚原《つかはら》に到着されたのが十一月一日。佐渡の塚原三昧堂《さんまいどう》とは、墓所《ぼしょ》の「死人を捨《す》つる所《ところ》」（全九一六㌻・新一二三四㌻）にある堂のことです。一間四面《いっけんしめん》の狭《せま》い堂で、祀《まつ》るべき仏《ほとけ》もなく、板間《いたま》は合《あ》わず、壁《かべ》は荒《あ》れ放題《ほうだい》にまかせている廃屋同然《はいおくどうぜん》の建物《たてもの》であった。

冷《つめ》たい風が容赦《ようしゃ》なく吹《ふ》き抜《ぬ》け、雪が降《ふ》り積《つ》もる環境《かんきょう》のなかで、敷皮《しきがわ》を敷《し》き、蓑《みの》を着《き》て昼《ちゅう》夜《や》を過《す》ごされた。慣《な》れない北国の寒《さむ》さに加《くわ》え、食糧《しょくりょう》も乏《とぼ》しく、十一月のうちには、お供《とも》してきた数人の弟子《でし》を帰していている。

「筆端《ひったん》に載《の》せ難《がた》く候《そうろう》」（全九五六ジペー・新一二八三ジペー）、筆舌《ひつぜつ》に尽《つ》くせないほどの劣悪《れつあく》の環境のなかで、現身《げんしん》に餓鬼道《がきどう》〈注12〉を感じ、八寒地獄《はっかんじごく》〈注13〉に堕《お》ちたと思わせるような状況《じょうきょう》であると、大聖人は記《しる》されています。「佐渡《さど》の国に流《なが》されて、命《いのち》を全《まっと》うできる人はいない。命を全うしても、生きて帰ることができた人はいない。流人《るにん》を打《う》ち殺《ころ》しても、なんのお咎《とが》めもない」（全九一七ジペー・新一二三六ジペー、趣意）と言われていた。

そうした劣悪な環境のなかで、日蓮大聖人は、思索《しさく》を深《ふか》められ、人類《じんるい》を救《すく》う大著《たいちょ》を書き綴《つづ》られた。四百字詰《じづ》め原稿用紙《げんこうようし》で言えば、百余枚に相当《そうとう》する著述《ちょじゅつ》を、約三カ月間で構想《こうそう》・執筆《しっぴつ》されたことになります。

大聖人は、佐渡に到着《とうちゃく》されて、直《ただ》ちに民衆救済《みんしゅうきゅうさい》の書《しょ》の御執筆を開始されたのです。

佐渡における大聖人の御境地《ごきょうち》について、戸田先生は、こう語《かた》っておりました。

「成仏《じょうぶつ》の境涯《きょうがい》とは絶対《ぜったい》の幸福境《こうふくきょう》である。なにものにも侵《おか》されず、なにものにもおそれず、瞬間《しゅんかん》瞬間の生命が澄《す》みきった大海《たいかい》のごとく、雲一片《くもいっぺん》なき虚空《こくう》のごときものである。大聖人の佐渡御流罪中《さどごるざいちゅう》のご境涯《きょうがい》はこのようなご境涯であったと拝《はい》される。

されば『此《こ》の身《み》を法華経にかうるは石《いし》に金《こがね》をかへ糞《ふん》に米《こめ》をかうるなり』（全九一〇㌻・新一二二七㌻）とも、『日蓮が流罪《るざい》は今生《こんじょう》の小苦《しょうく》なれば・なげかしからず、後生《ごしょう》には大楽《だいらく》を・うくべければ大《おお》いに悦《よろこ》ばし』（全二三七㌻・新一二一㌻）ともおおせられているのは、御本仏《ごほんぶつ》の境涯なればと、つくづく思うものである」（『戸田城聖全集』第3巻）

事実、日蓮大聖人は言語《げんご》に絶《ぜっ》する逆境《ぎゃっきょう》のなかで、どうすれば全人類《ぜんじんるい》を仏《ほとけ》にすることができるかを思索《しさく》され、「開目抄《かいもくしょう》」「観心本尊抄《かんじんのほんぞんしょう》」〈注14〉を認《したた》められ、その方途《ほうと》を明確《めいかく》に築《きず》かれたのです。古来《こらい》、大難《だいなん》を耐《た》え忍《しの》んだ者はいたとしても、大聖人の偉大《いだい》さは、その大難のなかで御自身《ごじしん》のことよりも、民衆救済《みんしゅうきゅうさい》、人類救済のための闘争《とうそう》を始められたということです。

発迹顕本《ほっしゃくけんぽん》と「開目抄」

さて、大聖人は先の御文《ごもん》で「開目抄」御執筆《ごしっぴつ》の動機《どうき》について「日蓮の不思議《ふしぎ》を留《とど》めておこうと思い、『開目抄《かいもくしょう》』を構想《こうそう》した」と仰《おお》せられています。留《とど》められるべき「日蓮の不思《ふし》議《ぎ》」とは、その最大のものが、竜《たつ》の口《くち》の法難《ほうなん》の時の「発迹顕本《ほっしゃくけんぽん》」であると拝察《はいさつ》できます。

この時、大聖人は「名字即《みょうじそく》の凡夫《ぼんぷ》〈注15〉」（法華経を信ずる凡夫）という迹《しゃく》（仮《かり》の姿《すがた》）を開《ひら》いて、内証《ないしょう》に永遠《えいえん》の妙法と一体《いったい》になった自在《じざい》の御境地《ごきょうち》である久遠元初《くおんがんじょ》の「自受用報身如来《じじゅゆうほうしんにょらい》〈注16〉」の本地《ほんち》を顕《あらわ》されました。

大聖人が発迹顕本されることによって、凡夫の姿のままで仏界《ぶっかい》の生命を現《あらわ》す「即身成仏《そくしんじょうぶつ》の道」が万人《ばんにん》に開かれたのです。

「開目抄」につぶさに示《しめ》されているように、大聖人は相次《あいつ》ぐ大難《だいなん》を乗《の》り越《こ》えられ、障魔《しょうま》を打《う》ち破《やぶ》る激闘《げきとう》のなかで、発迹顕本という「生命根本《こんぽん》の勝利」を勝ち取られたのです。

私たちも、いかなる障魔も恐《おそ》れず、勇気《ゆうき》ある信心を貫《つらぬ》けば、何があっても無明《むみょう》を破り、法性《ほっしょう》を顕す自分自身を確立《かくりつ》することができる。それが、私たちの発迹顕本です。そして、この「我《わ》が発迹顕本」が一生成仏を決《けっ》する根本になるのです。

「一人《ひとり》を手本《てほん》として一切衆生平等《いっさいしゅじょうびょうどう》なること是《か》くの如《ごと》し」（全五六四ジペー・新七一四ジペー）と仰せのとおり、日蓮大聖人の発迹顕本は、末代《まつだい》のあらゆる凡夫に通じる成仏の「根本原理《げんり》」を示されている。また、その「証明《しょうめい》」であり、「手本《てほん》」なのです。妙法への揺《ゆ》るがぬ信《しん》があれば、万人《ばんにん》が、自己《じこ》の凡夫《ぼんぷ》の肉身《にくしん》に、宇宙大《うちゅうだい》の境涯《きょうがい》を広げることができる。

いわば、末法《まっぽう》の全民衆《ぜんみんしゅう》の発迹顕本《ほっしゃくけんぽん》の最初の一人《ひとり》となられたのが日蓮大聖人であられる。

そして、日蓮大聖人は、御自身《ごじしん》の発迹顕本を証明《しょうめい》されるために、また一切衆生《いっさいしゅじょう》が発迹顕本するための明鏡《めいきょう》として、御本尊を御図顕《ごずけん》なされた。まさに、大聖人は、全人類《ぜんじんるい》の柱《はしら》です。

一切衆生が仏性《ぶっしょう》を開《ひら》いていけるのは、日蓮大聖人の発迹顕本のおかげだからです。この点にこそ「日蓮によりて《依》日本国の有無《うむ》はあるべし」「日蓮は日本の人の魂《たましい》なり」（全九一九ページ・新一二三八ページ）と仰《おお》せの最《もっと》も深《ふか》い意義《いぎ》があると拝《はい》せられます。

「開目《かいもく》」とは、このように「大聖人に目を開け」と呼《よ》びかけられているのです。

不惜身命《ふしゃくしんみょう》の精神《せいしん》に目を開け

「日蓮大聖人への開目」とは、すなわち「法華経の行者《ぎょうじゃ》への開目」であり、したがって

「法華経への開目《かいもく》」でもある。

そのように、「開目」には重層的《じゅうそうてき》な意義《いぎ》があり、「開目抄《かいもくしょう》」では、それを拝《はい》せる種々《しゅじゅ》の御文《ごもん》が記《しる》されております。

ここで「大聖人に目を開《ひら》け」との呼《よ》びかけに当《あ》たる仰《おお》せをいくつか挙《あ》げてみたい。

まず、先ほど述《の》べた「大聖人の発迹顕本《ほっしゃくけんぽん》に目を開け」に当たる御文は有名《ゆうめい》です。

「日蓮といゐし者は去年《こぞ》九月十二日子丑《ねうし》の時に頸《くび》はねられぬ、此《こ》れは魂魄《こんぱく》・佐土《さど》の国にいたりて返年《かえるとし》の二月・雪中《せっちゅう》にしるして有縁《うえん》の弟子《でし》へをくれ《贈》ばをそろし《畏》くて・をそろし《怕》からず・みん《見》人《ひと》いかに・をぢぬらむ」（全二二三ページ・新一〇二ページ）

まさに「大聖人の魂魄に目を開け」と仰せの御文である。

ここで大聖人は、「竜《たつ》の口《くち》の頸の座《ざ》において凡夫《ぼんぷ》・日蓮は頸をはねられた。今、佐渡《さど》で『開目抄』を書いているのは、日蓮の魂魄そのものである」と言われている。この「魂魄」とは、発迹顕本された御内証《ごないしょう》である「久遠元初自受用身《くおんがんじょじじゅゆうしん》」にほかならない。

ここで、「開目抄」全編《ぜんぺん》の構成《こうせい》から見た時に、この一節《いっせつ》が、大聖人御自身《ごじしん》の法華経身《しん》読《どく》、なかんずく勧持品《かんじほん》第十三の身読〈注17〉を説《と》く個所《かしょ》の冒頭《ぼうとう》に示《しめ》されていることに着目《ちゃくもく》したい。

すなわち、この御文《ごもん》では、法華経勧持品《かんじほん》で三類《さんるい》の強敵《ごうてき》〈注18〉の迫害《はくがい》がいかに恐《おそ》ろしいものとして説《と》かれていても、魂魄《こんぱく》である日蓮には何も恐ろしくはないと言われているのであり、何ものも恐れない久遠元初自受用身《くおんがんじょじじゅゆうしん》の偉大《いだい》な御境涯《ごきょうがい》の一端《いったん》を示《しめ》されているのです。

三類の強敵は法華経の行者《ぎょうじゃ》に対して権力《けんりょく》を使って弾圧《だんあつ》するなど、その恐ろしい迫害の相《そう》が勧持品には詳細《しょうさい》に説かれる。

その命《いのち》にも及《およ》ぶ大難《だいなん》を受けた時に「不惜身命《ふしゃくしんみょう》」の魂《たましい》で戦《たたか》うとの誓願《せいがん》を、八十万億那由佗《まんおくなゆた》の菩薩《ぼさつ》たちは立てるのであります。

勧持品には、「我《わ》れは身命《しんみょう》を愛《あい》せず　但《た》だ無上道《むじょうどう》を惜《お》しむ」（法華経四二〇ジベー）とあります。万人《ばんにん》を仏《ほとけ》にする無上道を惜しんで何ものも恐れない「不惜身命」の精神《せいしん》を、菩薩の根本《こんぽん》の要件《ようけん》として説いているのです。

名聞利養《みょうもんりよう》の悪僧《あくそう》と、愚癡《ぐち》の悪臣《あくしん》が結託《けったく》して、非道《ひどう》の権力によって法華経の行者へ襲《おそ》いかかった時、不惜身命の「師子王《ししおう》の心」を持てる者が仏になれる。――大聖人は「開目抄《かいもくしょう》」とほぼ同じ時期に書かれた「佐渡御書《さどごしょ》」で、このように明《あ》かされています。

したがって、「開目《かいもく》」には、「大聖人の不惜身命《ふしゃくしんみょう》の精神《せいしん》に目を開《ひら》け」との意義《いぎ》が含《ふく》まれていると拝《はい》したい。

障魔《しょうま》と戦《たたか》いきる人が末法《まっぽう》の師《し》

次に、大聖人が遭《あ》われた大難《だいなん》の相《そう》と、勧持品《かんじほん》に説《と》かれる三類《さんるい》の強敵《ごうてき》の迫害《はくがい》の相とが一致《いっち》することをつぶさに検討《けんとう》された末《すえ》に結論《けつろん》された御文《ごもん》を拝《はい》したい。ここにも、「大聖人に目を開け」との意《い》を拝察《はいさつ》することができます。

「仏《ほとけ》と提婆《だいば》〈注19〉とは身《み》と影《かげ》とのごとし生生《しょうじょう》にはなれず聖徳太子《しょうとくたいし》と守屋《もりや》〈注20〉とは蓮華《れんげ》の花菓《けか》・同時なるがごとし〈注21〉、法華経の行者《ぎょうじゃ》あらば必《かなら》ず三類の怨敵《おんてき》あるべし、三類はすでにあり法華経の行者は誰《だれ》なるらむ、求《もと》めて師とすべし一眼《いちげん》の亀《かめ》の浮木《ふぼく》に値《あ》うなるべし〈注22〉」（全二三〇ページ・新一一一ページ）

「求めて師とすべし」――三類の強敵と戦い抜《ぬ》く法華経の行者こそ、末法の人々を救《すく》う真正《しんせい》の「師」であるとの結論です。障魔と戦える人のみが「末法の師」なのです。

「魔《ま》競《きそ》はずは正法《しょうほう》と知るべからず」（全一〇八七㌻・新一四七九㌻）とも仰《おお》せのように、末法《まっぽう》で正法を正《ただ》しく持《たも》ち、実践《じっせん》する人には、必ず障魔《しょうま》が競い起《お》こる。

万人《ばんにん》に具《そな》わる仏性《ぶっしょう》を、一人《ひとり》ひとりの生命に、そして社会に現《あらわ》す方途《ほうと》を確立《かくりつ》することが、末法の人々を救《すく》う唯一《ゆいいつ》の道である。その大道は、万人に具わる元品《がんぽん》の無明《むみょう》を打《う》ち破《やぶ》る、深《ふか》く強き「信《しん》」を確立できる人のみが、開《ひら》くことができる。なぜならば、あらゆる障魔の正《しょう》体《たい》は、まさに元品の無明であるからです。元品の無明との戦《たたか》いを示《しめ》さない教《おし》えでは、決《けっ》して「末法の正法」でもなければ「末法の師《し》」とも言えない。

元品の無明は、本来は修行《しゅぎょう》の最終段階《さいしゅうだんかい》に進んだ菩薩《ぼさつ》が出あう、妙法に対する根本的《こんぽんてき》な迷《まよ》いであり、等覚《とうかく》の菩薩〈注23〉ですらも、この迷いに道を失《うしな》うことがあるという。

末法は「白法隠没《びゃくほうおんもつ》」と言われるように、正法が隠没し、邪智《じゃち》が深まる時代です。この末法に正法を行《ぎょう》ずるには、元品の無明との対決《たいけつ》が不可欠《ふかけつ》なのです。

そのために大聖人は「開目抄《かいもくしょう》」のなかで二つの点を強調《きょうちょう》された。

その第一は、「五重《ごじゅう》の相対《そうたい》」〈注24〉によって、何が末法の正法かを明確《めいかく》にされたことである。

それは「文底《もんてい》の一念三千《いちねんさんぜん》」であり、法華経本門寿量品《ほんもんじゆりようほん》で説《と》かれる久遠《くおん》の「本因本果《ほんいんほんが》」である。簡単《かんたん》に言えば、純粋《じゆんすい》で強い信《しん》によって元品《がんぽん》の無明《むみよう》を破《やぶ》ることにより、今の九界《きゆうかい》の自分と永遠《えいえん》の仏界《ぶつかい》の生命との互具《ごぐ》を実現する「真《しん》の十界《じつかい》互具」（全一九七ジペー・新六六ジペー）である。これこそが、九界の自分に仏界を涌現《ゆげん》させて即身成仏《そくしんじようぶつ》・一生成仏を実現させていく法であり、これのみが「末法《まつぽう》の正法《しようほう》」なのです。

第二には、「誓願《せいがん》」を強調《きようちよう》されています。

法華経の本門寿量品の文底《もんてい》に秘沈《ひちん》されている末法の正法は、難信難解《なんしんなんげ》である。しかし、万人《ばんにん》の成仏という仏《ほとけ》の大願《だいがん》を我《わ》が願《ねが》いとして、広宣流布《こうせんるふ》の戦《たたか》いを不退転《ふたいてん》で戦い抜《ぬ》くことを誓《ちか》うことにより、「信」を鍛《きた》え、強化《きようか》していけるのです。そして、発迹顕本《ほつしやくけんぽん》を遂《と》げられ、末法救済《きゆうさい》の大法《だいほう》を確立《かくりつ》された大聖人こそ「末法の師《し》」であり、「末法の御本仏《ごほんぶつ》」なのです。

大聖人の誓願を示《しめ》されている御文《ごもん》については、すでに冒頭《ぼうとう》にも引用《いんよう》したが、もう一度、掲《かか》げておきたい。

「詮《せん》ずるところは天《てん》もすて給《たま》え諸難《しよなん》にもあえ身命《しんみよう》を期《ご》とせん、……種種《しゆじゆ》の大難《だいなん》・出来《しゆつたい》すとも智者《ちしや》に我義《わがぎ》やぶられずば用《もち》いじとなり、其《そ》の外《ほか》の大難・風の前の塵《ちり》なるべし、我《われ》日本

の柱《はしら》とならむ我《われ》日本の眼目《がんもく》とならむ我日本の大船《たいせん》とならむ等とちかいし願《ねがい》やぶるべからず」（全二三二ジペー・新一一四ジペー）

以上の二点は、「開目抄《かいもくしょう》」の骨格《こっかく》を成《な》す法理《ほうり》であり、後に本文の講義のなかでさらに詳《くわ》しく考察《こうさつ》していくことにします。

忍難《にんなん》・慈悲《じひ》に目を開け

関連《かんれん》して、御文《ごもん》をもう一つ拝《はい》したい。

「されば日蓮が法華経の智解《ちげ》は天台《てんだい》・伝教《でんぎょう》〈注25〉には千万が一分《いちぶん》も及《およ》ぶ事《こと》なけれども難を忍《しの》び慈悲のすぐれたる事は・をそれをも・いだきぬべし」（全二〇二ジペー・新七二ジペー）

多くの同志の心に刻《きざ》まれているこの御文もまた、「大聖人に目を開《ひら》け」と呼《よ》びかけられている御文であると拝することができます。

ここで大聖人は法華経の智解については天台等よりも劣《おと》ると御謙遜《ごけんそん》されているが、先に述《の》べたように、末法《まっぽう》の一切衆生《いっさいしゅじょう》の成仏《じょうぶつ》を実現する要法《ようほう》を把握《はあく》されるという最高の智慧《ちえ》を本抄では示《しめ》されている。

しかし、この要法《ようほう》は衆生一人《しゅじょうひとり》ひとりの一念《いちねん》において十界互具《じっかいごぐ》・仏界涌現《ぶっかいゆげん》を実現するための究極《きゅうきょく》の法であり、説明《せつめい》することはもとより難《むずか》しいが、衆生一人ひとりに弘《ひろ》め、実現していくことは、さらに困難《こんなん》なのです。

それは前人未到《ぜんじんみとう》の戦《たたか》いであり、時代は悪世《あくせ》、法は難信《なんしん》の要法、そして弘める人の姿《すがた》は凡《ぼん》夫《ぷ》であるゆえに、大難《だいなん》は必定《ひつじょう》なのです。そこで、大聖人は、相次《あいつ》ぐ大難に耐《た》えられながら、仏界《ぶっかい》の生命を凡夫の我《わ》が身《み》に開《ひら》き顕《あらわ》していかれた。その大聖人の生き方・実践《じっせん》を手本《てほん》として提示《ていじ》し、万人《ばんにん》に弘めていく方途《ほうと》を確立《かくりつ》されたのです。

その戦いを貫《つらぬ》き、完遂《かんすい》された原動力《げんどうりょく》は「誓願《せいがん》」です。そして、そのさらなる根底《こんてい》には一切衆生への大慈悲《だいじひ》があられた。

この大慈悲こそ、私たちが大聖人を「末法《まっぽう》の御本仏《ごほんぶつ》」と拝《はい》するゆえんなのです。

大聖人御自身《ごじしん》も、末法の一人ひとりの人間を根底から救《すく》う折伏《しゃくぶく》の戦いの本質《ほんしつ》は慈悲であるとして「日蓮は日本国の諸人《しょにん》にしう《主》し《師》父母《親》なり」（全二三七ページ・新一二一二ページ）と仰《おお》せられています。これは「開目抄《かいもくしょう》」の結論《けつろん》であり、「大聖人の慈悲に目を開け」との呼《よ》びかけであると拝《はい》することができます。

戸田先生は、「開目抄《かいもくしょう》」の御文《ごもん》を引《ひ》きながら、万人《ばんにん》の成仏《じょうぶつ》、全人類《ぜんじんるい》の境涯変革《きょうがいへんかく》こそが「如来事《にょらいじ》」（如来の仕事）であるとして、その実践《じっせん》を同志に向かって呼《よ》びかけられています。「全人類を仏《ほとけ》にする、全人類の人格《じんかく》を最高価値《かち》のものとする。これが『如来の事』を行《ぎょう》ずることであります。

大聖人が開目抄に、『日蓮が法華経の智解《ちげ》は天台《てんだい》・伝教《でんぎょう》には千万が一分《いちぶん》も及《およ》ぶ事《こと》なけれども難《なん》を忍《しの》び慈悲《じひ》のすぐれたる事は・をそれをも・いだきぬべし』（全二〇二ジペー・新七二ジペー）と仰《おお》せられた深意《じんい》は、一切衆生《いっさいしゅじょう》をして仏の境涯をえさせようと、一生をかけられた大聖人のご心中《しんちゅう》であります。

これこそ目の前に見た『如来の事』であります。学会のみなさまよ、われわれも『如来の事』を行《おこな》わなくてはなりませぬ。しからば、いかにして全人類に仏の境涯を把持《はじ》いたさせましょうか」（『戸田城聖全集』第1巻）

大聖人は万人の成仏、全人類の境涯変革を目指《めざ》し、法体《ほったい》の確立《かくりつ》・流布《るふ》のために忍難《にんなん》・慈悲の力《ちから》を現《あらわ》されました。学会は、この大聖人の御精神《ごせいしん》を受けて、牧口初代会長の時代より、大聖人の仏法を現実変革《へんかく》の法として受け止め、民衆救済《みんしゅうきゅうさい》の戦《たたか》いに邁進《まいしん》してきたのです。

根底《こんてい》は民衆への慈悲《じひ》と信頼《しんらい》

題名の「開目《かいもく》」の意義《いぎ》は、以上のように重層的《じゅうそうてき》に拝《はい》することができますが、「大聖人に目を開《ひら》け」ということが基調《きちょう》になっているといえます。そして、その根底には、さらに民衆への慈悲と信頼がある。それは「民衆に目を開け」と、表現できるものです。

大聖人の仏法は「師弟不二《していふに》の仏法」です。大聖人は御自身《ごじしん》が身《み》をもって確立《かくりつ》した末代凡夫《まつだいぼんぷ》の即身成仏《そくしんじょうぶつ》の道を、弟子《でし》たちにも勧《すす》められています。

「我並《われなら》びに我《わ》が弟子・諸難《しょなん》ありとも疑《うたが》う心なくば自然《じねん》に仏界《ぶっかい》にいたるべし、天《てん》の加護《かご》なき事《こと》を疑はざれ現世《げんせ》の安穏《あんのん》ならざる事をなげかざれ、我が弟子に朝夕《ちょうせき》教えしかども・疑いを・をこして皆《みな》すてけんつたな《拙》き者のならひは約束せし事を・まことの時はわするるなるべし」（全二三四ページ・新一一七ページ）

ここでは、無疑曰信《むぎわっしん》〈注26〉・不惜身命《ふしゃくしんみょう》の「信《しん》」を同じくすることをもって、大聖人と弟《で》子《し》たちとの師弟不二《していふに》の道とされています。この「信《しん》」には、「疑《うたが》い」を退《しりぞ》けていることから明《あき》らかなように、生命にひそむ魔性《ましょう》や外からの悪縁《あくえん》となる障魔《しょうま》との闘争《とうそう》が含《ふく》まれていることは言うまでもありません。

そして、大聖人の戦《たたか》いに連《つら》なっていけば「成仏《じょうぶつ》」の果《か》も間違《まちが》いないと保証《ほしょう》されております。いかなる人も、因行《いんぎょう》・果徳《かとく》ともに大聖人と不二になれるからです。

このことは、本抄に一貫《いっかん》して拝《はい》することができる「大聖人に目を開《ひら》け」という呼《よ》びかけが、実《じつ》は人間・民衆《みんしゅう》への深《ふか》い信頼《しんらい》の上に成《な》り立《た》っていることを意味《いみ》しているのです。

そこで私は、本抄の「開目《かいもく》」の意義《いぎ》として「大聖人に目を開け」の呼びかけとともに、「人間に目を開け」「民衆に目を開け」との熱《あつ》い呼びかけがあることを明言《めいげん》しておきたいと思います。

万人《ばんにん》の仏性《ぶっしょう》を開く「開目の連帯《れんたい》」

結論《けつろん》して言えば、「開目抄《かいもくしょう》」を拝《はい》することは、日蓮大聖人を末法《まっぽう》の成仏の「手本《てほん》」とし、成仏《じょうぶつ》の道を確立《かくりつ》した「末法《まっぽう》の教主《きょうしゅ》」として正《ただ》しく拝《はい》することにほかならない。また、文底《もんてい》の民衆《みんしゅう》仏法の眼《まなこ》から拝せば、「開目抄《かいもくしょう》」を拝することは、「人間への信頼《しんらい》」に立つことであると言えます。

そう拝した時、「開目抄」を真《しん》に正しく拝読《はいどく》した者がいずこにいるのか。あらためて、戸田先生の慧眼《けいがん》が光《ひかり》を放《はな》つと言えるでしょう。講義の第1回を結《むす》ぶにあたって、恩師《おんし》・戸田先生の次の一節《いっせつ》を紹介《しょうかい》しておきたい。

「私が大聖人様の御書を拝読したてまつるにさいしては、大聖人様のおことばの語句《ごく》をわかろうとするよりは、御仏《みほとけ》の偉大《いだい》なるご慈悲《じひ》、偉大なる確信《かくしん》、熱烈《ねつれつ》なる大衆救護《たいしゅうくご》のご精《せい》神《しん》、ひたぶるな広宣流布《こうせんるふ》への尊厳《そんげん》なる意気《いき》にふれんことをねがうものである。

私の胸《むね》には御書を拝読するたびに、真夏《まなつ》の昼の太陽のごとき赫々《かっかく》たるお心がつきささされてくるのである。熱鉄《ねってつ》の巨大《きょだい》なる鉄丸《てつがん》が胸いっぱいに押《お》しつめられた感じであり、ときには、熱湯《ねっとう》のふき上がる思いをなし、大瀑布《だいばくふ》が地をもゆるがして、自分の身《み》の上にふりそそがれる思いもするのである」(「謹《つつし》んで開目抄の一節を拝したてまつる」『戸田城聖全集』第3巻)

この戸田先生の拝読の御精神こそが、創価学会の御書拝読の永遠《えいえん》の指針《ししん》であると確信する。御書を拝《はい》することは、民衆救済《みんしゆうきゆうさい》の大慈悲《だいじひ》と哲理《てつり》に触《ふ》れることであり、日蓮大聖人の広《こう》宣流布《せんるふ》の御精神《ごせいしん》に浴《よく》することに通じます。

私たちも、地涌《じゆ》の勇者《ゆうしや》として、全人類《ぜんじんるい》の無明《むみよう》の目を開《ひら》き、万人《ばんにん》の仏性《ぶつしよう》を開く「開目《かいもく》の連《れん》帯《たい》」を築《きず》いていきたい。今、世界中で、日蓮大聖人の人間主義の仏法を待望《たいぼう》しています。

私たちの平和と文化と教育の大運動を見つめています。

注

〈注1〉【地涌《じゆ》の菩薩《ぼさつ》】法華経従地涌出品《じゆうじゆじゆつほん》第十五で、釈尊《しやくそん》が自《みずか》らの滅後《めつご》の悪世《あくせ》における妙法弘通《ぐつう》を託《たく》すべき人として呼《よ》び出した久遠《くおん》の弟子《でし》である菩薩たち。大地から涌現《ゆげん》したので地涌の菩薩という。その上首《じようしゆ》（最高リーダー）が上行菩薩《じようぎようぼさつ》である。日蓮大聖人は、悪世末法《あくせまつぽう》に出現し不惜身命《ふしやくしんみよう》で妙法弘通に励《はげ》み、上行菩薩の再誕《さいたん》との自覚《じかく》をもたれるとともに、大聖人と同じ心で妙法弘通に励む人々を地涌の菩薩と位置《いち》づけられた。

〈注2〉【獄中《ごくちゆう》の悟達《ごだつ》】戸田城聖創価学会第二代会長が、第二次世界大戦中、軍部政府の不当《ふとう》な弾圧《だんあつ》によって投獄《とうごく》されていた時に、「仏《ほとけ》とは生命なり」「我《われ》、地涌《じゆ》の菩薩《ぼさつ》なり」と覚知《かくち》したこと。この戸田会長の悟達が原点となって、戦後の創価学会の再建《さいけん》・発展《はってん》があった。

〈注3〉身延《みのぶ》の日乾《にちけん》による所蔵《しょぞう》御書の目録《もくろく》に記《しる》されている。日意《にちい》による目録では「御草案《ごそうあん》」とあり、草案の可能性もある。身延所蔵の御真蹟《ごしんせき》は明治八年（一八七五年）の大火で灰燼《かいじん》に帰《き》した。

〈注4〉【無明《むみょう》】生命の根源的《こんげんてき》な無知《むち》。万人成仏《ばんにんじょうぶつ》の妙法を信受《しんじゅ》できず、成仏することを最後まで妨《さまた》げるものとなる。最《もっと》も根源的なものを「元品《がんぽん》の無明」という。

〈注5〉【重罪《じゅうざい》の流刑《るけい》】当時の処罰《しょばつ》では、笞刑《ちけい》、杖刑《じょうけい》、徒刑《ずけい》（懲役刑《ちょうえきけい》）、流刑、死刑《しけい》の順に重く、しかも死刑は、平安《へいあん》時代には長期にわたりほとんど実施《じっし》されなかった。とりわけ僧尼《そうに》の死刑は避《さ》けられ、流罪《るざい》は実質上、最高刑であった。

〈注6〉【諂曲《てんごく》】心が捻《ね》じ曲《ま》がり、強い者に媚《こ》び諂《へつら》うこと。十界《じっかい》のうち修羅界《しゅらかい》の特徴《とくちょう》とされる。

〈注7〉【畜生道《ちくしょうどう》】十界《じっかい》のうち、因果《いんが》の法則《ほうそく》に暗《くら》く目先《めさき》のことにとらわれ、弱肉強食《じゃくにくきょうしょく》の生き方をする低劣《ていれつ》な境涯《きょうがい》。「佐渡御書《さどごしょ》」には「畜生の心は弱きをおどし強きをおそる当世《とうせい》の学者等は畜生の如《ごと》し智者《ちしゃ》の弱きをあなづり王法の邪《よこしま》をおそる」（全九五七㌻・新一二八五㌻）と仰《おお》せである。

〈注8〉【塚原問答《つかはらもんどう》】日蓮大聖人が佐渡《さど》流罪中《るざいちゅう》、文永《ぶんえい》九年（一二七二年）一月十六日、地頭《じとう》の本間六郎左衛門尉《ざえもんのじょう》の立会《たちあ》いのもと、塚原三昧堂《さんまいどう》において念仏《ねんぶつ》をはじめ諸宗《しょしゅう》の僧《そう》等数百人と行《おこな》った問答のこと。大聖人は諸宗の邪義《じゃぎ》・邪難《じゃなん》をすべて即座《そくざ》に打《う》ち破《やぶ》り、僧等の中には直《ただ》ちに大聖人に帰依《きえ》するものもいた。

〈注9〉【平左衛門《へいのさえもん》】?・年～一二九三年。鎌倉《かまくら》時代の武将《ぶしょう》の平頼綱《たいらのよりつな》のこと。左衛門尉の位《くらい》をもっていた。執権《しっけん》・北条《ほうじょう》氏の内管領《ないかんれい》で貞時《さだとき》の乳母《うば》の夫。北条時宗《ときむね》、貞時の二代に仕《つか》え、鎌倉幕府の政治上の実力者として権勢《けんせい》をふるった。真言律宗《しんごんりつしゅう》の極楽寺良観《ごくらくじりょうかん》らと結託《けったく》し、日蓮大聖人を迫害《はくがい》し、門下《もんか》を弾圧《だんあつ》した張本人《ちょうほんにん》。

〈注10〉【「立正安国論《りっしょうあんこくろん》」】文応《ぶんおう》元年（一二六〇年）七月十六日、日蓮大聖人が宿屋入道光則《やどやにゅうどうみつのり》を通じて当時の鎌倉《かまくら》幕府の最高権力者《けんりょくしゃ》、北条時頼《ほうじょうときより》に提出《ていしゅつ》された国主諫暁《こくしゅかんぎょう》の書。誤《あやま》った宗教への信仰《しんこう》が災難《さいなん》の元凶《げんきょう》であり、それを改《あらた》めないとまだ起《お》こっていない自界叛逆難《じかいほんぎゃくなん》（内乱《ないらん》）と他国侵逼難《たこくしんぴつなん》（他国の侵《しん》略《りゃく》）が起こると予言《よげん》され、それぞれ二月騒動《そうどう》（北条時輔《ときすけ》の乱《らん》）と蒙古襲来《もうこしゅうらい》として現実となった。

〈注11〉【中務三郎左衛門尉《なかつかささぶろうざえもんのじょう》（四条金吾《しじょうきんご》）】一二三〇年頃～一三〇〇年。日蓮大聖人御在世中《ございせちゅう》に鎌倉《かまくら》に住した信徒《しんと》の中心的人物の一人。四条中務三郎左衛門尉頼基《よりもと》のこと。北条《ほうじょう》氏の一族である江間《えま》氏に仕《つか》えた。同僚《どうりょう》等の讒言《ざんげん》などにより主君の不興《ふきょう》を買い、所領没収《しょりょうぼっしゅう》等の危機《きき》にあうが、信心を貫《つらぬ》いてそれを乗り越え、世間でも高く評価《ひょうか》されて信心の実証《じっしょう》を示した。

〈注12〉【餓鬼道《がきどう》】十界《じっかい》のうち、欲求《よっきゅう》・願《ねが》いが満《み》たされることなく、飢餓感《きがかん》に苦《くる》しむ境涯《きょうがい》。

〈注13〉**【八寒地獄《はつかんじごく》】**　地獄のうち、極寒《ごつかん》に苦《くる》しむ八種のこと。寒さに震《ふる》え叫《さけ》んだり、肉が裂《さ》けて蓮華《れんげ》のようになったりすると考えられた。

〈注14〉**「観心本尊抄《かんじんのほんぞんしょう》」**　「如来滅後《にょらいめつご》五五百歳始観心本尊抄」のこと。文永十年（一二七三年）四月二十五日、日蓮大聖人が佐渡《さど》流罪中《るざいちゅう》に一谷《いちのさわ》で述作《じゅつさく》された書。末法《まつぽう》の衆生《しゅじょう》が信受《しんじゅ》すべき本尊が南無妙法蓮華経であることを明かし、妙法受持《じゅじ》により観心の義が成じ成仏《じょうぶつ》できることを示されている。

〈注15〉**【名字即《みょうじそく》の凡夫《ぼんぷ》】**　名字即とは、天台大師《てんだいだいし》が立てた六即《ろくそく》の第二の位《くらい》で、我が身《み》に仏性《ぶつしょう》が具《そな》わり、一切法《いっさいほう》が仏法にほかならないという教《おし》え（名字）を聞いて信受《しんじゅ》する位。信という修行《しゅぎょう》の最初の段階にある初信者《しょしんしゃ》をいう。

〈注16〉**【久遠元初《くおんがんじょ》の「自受用報身如来《じじゅゆうほうしんにょらい》」】**　久遠元初とは最も根源《こんげん》であることをいい、自受用報身とは妙法の功徳《くどく》を自在《じざい》に受け用《もち》いる仏《ほとけ》の境涯《きょうがい》をいう。生命に本来的に具《そな》わる仏界《ぶつかい》を開《ひら》き顕《あらわ》して、自身も人々をも妙法の功徳《くどく》で潤《うるお》す仏の境涯をいう。

〈注17〉**【勧持品《かんじほん》第十三の身読《しんどく》】**　法華経勧持品では、釈尊滅後《しゃくそんめつご》の悪世《あくせ》に妙法を弘教《ぐきょう》するものには三類《さんるい》の強敵《ごうてき》が襲《おそ》うことが説《と》かれているが、その経文のとおりに、末法《まつぽう》悪世で妙法を弘通《ぐつう》した日蓮大聖人に三類の強敵が襲い迫害《はくがい》を加えた。

〈注18〉**【三類《さんるい》の強敵《ごうてき》】**法華経勧持品《かんじほん》の二十行の偈《げ》（法華経四一七ページ）では、滅後《めつご》悪世《あくせ》で法華経を弘通《ぐつう》する人を迫害《はくがい》する者が示《しめ》されるが、それを妙楽大師《みょうらくだいし》が『法華文句記《ほっけもんぐき》』で俗衆増上慢《ぞくしゅうぞうじょうまん》（在家《ざいけ》の迫害者）、道門《どうもん》増上慢（出家の迫害者）、僭聖《せんしょう》増上慢（聖人《しょうにん》を装《よそお》い人々からの尊敬《そんけい》をうけながら悪心を起こして迫害する者）の三種類に分類《ぶんるい》したもの。

〈注19〉**【提婆《だいば》】**提婆達多《だいばだった》のこと。釈尊《しゃくそん》のいとこで仏弟子《ぶつでし》となったが、釈尊に敵対《てきたい》して数々の策謀《さくぼう》をめぐらせ釈尊の命《いのち》に及《およ》ぶ迫害《はくがい》をも行《おこな》った。

〈注20〉**【聖徳太子《しょうとくたいし》と守屋《もりや》】**日本に仏法が公式に伝来《でんらい》した時に、受容派《じゅようは》と排斥派《はいせきは》が対立したが、聖徳太子ら受容派が物部《もののべの》守屋ら排斥派を打《う》ち破《やぶ》り、日本の仏法興隆《こうりゅう》の基礎《きそ》を築《きず》いた。

〈注21〉ハスは、花弁《かべん》とともに果《か》托《たく》が同時に大きく成長する。この点が、他の草花と異《こと》なる大きな特《とく》徴《ちょう》ととらえられてきた。

〈注22〉法華経妙荘厳王品《みょうしょうごんのうほん》第二十七等に説《と》かれる譬《たと》え。一眼《いちげん》で足もひれもたない亀《かめ》が大海で自身を癒《いや》す栴檀《せんだん》の浮《う》き木《ぎ》に遭《あ》うことが難《むずか》しいように、人々が妙法に巡《めぐ》りあうことが難しいことを譬えたもの。

〈注23〉**【等覚《とうかく》の菩薩《ぼさつ》】**菩薩の修行段階《しゅぎょうだんかい》を五十二に分けた五十二位のうち第五十一位の階位《かいい》をいう。長い間の菩薩の修行を完成して、まさに妙覚《みょうかく》の仏果《ぶっか》を得《え》ようとする位《くらい》。

〈注24〉**【五重《ごじゅう》の相対《そうたい》】**「開目抄」において、諸宗教・思想を五段階にわたって比較《ひかく》・相対した宗教批判《ひはん》の基準《きじゅん》。内外《ないげ》・大小・権実《ごんじつ》・本迹《ほんじゃく》・種脱《しゅだつ》の五段階で比較し、人々が信じ実践《じっせん》すべき根本法《こんぽんほう》が法華経本門寿量品文底《じゅりょうほんもんてい》の事《じ》の一念三千《いちねんさんぜん》の法すなわち南無妙法蓮華経であることを指《さ》し示《しめ》された。

〈注25〉**【天台《てんだい》・伝教《でんぎょう》】**中国・隋代《ずいだい》に『法華玄義《ほっけげんぎ》』『法華文句《もんぐ》』『摩訶止観《まかしかん》』等を講述《こうじゅつ》して南三北七《なんさんほくしち》の諸宗《しょしゅう》を破折《はしゃく》し、法華経を宣揚《せんよう》した天台大師智顗《だいしちぎ》と、日本の平安《へいあん》時代初期に南都六宗《なんとろくしゅう》を破折し、法華経を宣揚した伝教大師最澄《さいちょう》。

〈注26〉**【無疑曰信《むぎわっしん》】**心に疑《うたが》いのない状態を信という、との意。『法華文句《ほっけもんぐ》』巻十上の文《もん》で「疑い無《な》きを信と曰《い》う」と読み下す。

第2回 主師親《しゅしし》の三徳《さんとく》——忍難《にんなん》と慈悲《じひ》で民衆仏法を開《ひら》く

御文

夫《そ》れ一切衆生《いっさいしゅじょう》の尊敬《そんけい》すべき者《もの》三あり所謂《いわゆる》主師親これなり、又習学《またしゅうがく》すべき物《もの》三あり、所謂儒外内《じゅげない》これなり（全一八六ジペー・新五〇ジペー）

通解

そもそも、あらゆる人々が尊《とうと》び敬《うやま》うべきものが三つある。それは、主と師と親である。また、習《なら》い学《まな》ぶべきものが三つある。それは儒教《じゅきょう》・道教《どうきょう》などの中国の諸教《しょきょう》と、外道《げどう》（仏教以外のインド諸教）と、そして内道《ないどう》（仏教）である。

御文

かくのごとく巧《たくみ》に立つといえども・いまだ過去《か》《こ》・未来《み》《らい》を一分《いちぶん》もしらず玄《げん》とは黒《こく》なり幽《ゆう》なりかるがゆへに玄という但《ただ》現在計《ばか》りしれるににたり（中略）孔子《こうし》が此《こ》の土《ど》に賢聖《けんせい》なし西方《さいほう》に仏図《ふと》という者《もの》あり此聖人《これしょうにん》なりといゐて外典《げてん》を仏法の初門《しょもん》となせしこれなり、礼楽《れいがく》等を教《おしえ》て内典《ないてん》わたらば戒定慧《かいじょうえ》をしり《知》やす《易》からせんがため・王臣《おうしん》を教て尊卑《そんぴ》をさだめ父母を教て孝《こう》の高きをしらしめ師匠《ししょう》を教て帰依《きえ》をしらしむ（全一八六ページ～一八七ページ・新五一ページ）

通解

儒教《じゅきょう》等の中国諸教《しょきょう》の賢人《けんじん》・聖人《せいじん》たちが、さまざまな形《かたち》で巧《たく》みにその理論《りろん》を立ててはいるが、まだ、過去世《かこせ》・未来世《みらいせ》については何も知らない。彼らが説《と》く「玄《げん》」とは黒《こく》であり、幽《かす》かという意味《いみ》であり、微妙《びみょう》であるゆえに「玄」と言われているのであるが、ただ、現世《げんせ》のことだけを知っているにすぎないようである。（中略）孔子《こうし》が「この中国に賢人・聖人はいない。西の方に仏図《ふと》（仏陀《ぶっだ》）という者があり、その人が真《しん》の聖人《しょうにん》である」といって、外典《げてん》である儒教《じゅきょう》を仏法へ入るための門としたのはこの意味である。すなわち儒教においては礼儀《れいぎ》や音楽などを教えて、後に仏教が伝来《でんらい》した時、戒《かい》・定《じょう》・慧《え》の三学を理解《りかい》しやすくさせるために、王《おう》と臣下《しんか》の区別を教えて尊卑《そんぴ》を示《しめ》し、父母を尊《とうと》ぶべきことを教えて孝行《こうこう》の道を尽《つ》くすことの大切さを知らせ、師匠《ししょう》と弟子《でし》の立場を明《あき》らかにして、師に帰依《きえ》することの重要性《じゅうようせい》を教え知らせたのである。

御文

其《そ》の見《けん》の深《ふか》きこと巧《たく》みなるさま儒家《じゅか》には・にるべくもなし、或《あるい》は過去《かこ》・二生《にしょう》・三生・乃至《ないし》七生・八万劫《こう》を照見《しょうけん》し又兼《またかね》て未来《みらい》・八万劫をしる、其の所説《しょせつ》の法門《ほうもん》の極理《ごくり》・或は因中有果《いんちゅううか》・或は因中無果《むか》・或は因中亦有果《やくうか》・亦無果《やくむか》等云云、此《こ》れ外道《げどう》の極理なり（中略）外道の法・九十五種《しゅ》・善悪《ぜんあく》につけて一人《いちにん》も生死《しょうじ》をはなれず善師《ぜんし》につかへては二生・三生等に悪道《あくどう》に堕《お》ち悪師《あくし》につかへては順次生《じゅんじしょう》に悪道に堕つ、外道の所詮《しょせん》は内道《ないどう》に入《い》る即最要《そくさいよう》なり（全一八七ジペー～一八八ジペー・新五二ジペー～五三ジペー）

通解

インドの外道で説《と》かれた教《おし》えは、その見解《けんかい》が深く巧みなさまは儒教《じゅきょう》等の遠く及《およ》ぶところではない。過去世《かこせ》に溯《さかのぼ》ること二生、三生、七生、さらに八万劫まで照見することができ、また併《あわ》せて未来《みらい》八万劫《こう》も知ることができると称《しょう》していた。その所説《しょせつ》の法門《ほうもん》の極理《ごくり》は、あるいは「因《いん》の中に果《か》がある」という決定論《けっていろん》、あるいは「因の中に果はない」という偶然論《ぐうぜんろん》、あるいは「因の中にまたは果があり、または果がない」という折衷論《せっちゅうろん》などである。これらが外道《げどう》の究極《きゅうきょく》の理論《りろん》である。（中略）外道の法は九十五派あるが、それらの修行《しゅぎょう》では、善《よ》い外道であっても、悪い外道であっても、一人として生死《しょうじ》の苦悩《くのう》から離《はな》れることはできない。善師《ぜんし》に仕《つか》えても、二生《にしょう》、三生等の後には悪道《あくどう》に堕《お》ち、悪師に仕えては、次の生を受けるごとに悪道に堕ちていくのである。結局《けっきょく》のところ、外道というものは仏教に入るための教《おし》えであり、このことが外道のもつ最重要《さいじゅうよう》な意義《いぎ》なのである。

御文

三には大覚世尊《だいかくせそん》は此一切衆生《これいっさいしゅじょう》の大導師《だいどうし》・大眼目《がんもく》・大橋梁《きょうりょう》・大船師《せんし》・大福田《ふくでん》等なり、外典《げてん》・外道《げどう》の四聖《しせい》・三仙《さんせん》其《そ》の名は聖《せい》なりといえども実《じつ》には三惑未断《さんわくみだん》の凡夫《ぼんぷ》・其の名は賢《けん》なりといえども実《じつ》に因果《いんが》を弁《わきまえ》ざる事《こと》嬰児《えいじ》のごとし、彼《かれ》を船として生死《しょうじ》の大海《たいかい》をわたるべしや彼を橋として六道《ろくどう》の巷《ちまた》こゑがたし我《わ》が大師《だいし》は変易《へんにゃく》・猶《な》を・わたり給《たま》へり況《いわん》や分段《ぶんだん》の生死をや元品《がんぽん》の無明《むみょう》の根本《こんぽん》猶を・かたぶけ給へり況や見思《けんじ》枝葉《しよう》の麤惑《そわく》をや

（全一八八㌻・新五三㌻）

通解

儒教《じゅきょう》・外道《げどう》に対して、第三の内道《ないどう》の場合では、釈尊《しゃくそん》はすべての人の偉大《いだい》な導師《どうし》、眼目《がんもく》、橋、舵取《かじと》り、福徳《ふくとく》の田である。儒教等で代表的な四人の師匠《ししょう》（尹寿《いんじゅ》、務成《むせい》、太公望《たいこうぼう》、老子《ろうし》）や、インドの外道の三人の代表（迦毘羅《かびら》・漚楼僧佉《うるそうぎゃ》・勒娑婆《ろくしゃば》）は、聖人《せいじん》と呼《よ》ばれていても、実際《じっさい》には三惑《さんわく》をいまだ断《た》ち切《き》っていない凡夫《ぼんぷ》である。また賢人《けんじん》と呼ばれていても、実際には因果《いんが》の道理《どうり》を知らないことは赤ん坊のようである。そのような彼らを船として生死の迷《まよ》いの大海を渡ることができるだろうか。彼らを橋として六道の悪路《あくろ》を越《こ》えていくことは難《むずか》しい。それに対して、我らの釈迦《しゃか》仏《ぶつ》は、変易の生死（二乗《にじょう》・菩薩《ぼさつ》等の生死）さえ超《こ》えている。まして分段の生死（六道を輪廻《りんね》する凡夫の生死）を超えているのはもちろんである。元品の無明という根本の迷いさえも断ち切られ

ている。まして見惑《けんわく》・思惑《しわく》という、枝葉《えだは》の浅《あさ》い迷《まよ》いを断《た》たれているのは言うまでもない。

講義

真《しん》の主《しゅ》師《し》親《しん》と真の成仏の因果

「開目抄《かいもくしょう》」全体を貫《つらぬ》く主題は「主師親」の三徳《さんとく》である。それは、本抄冒頭《ぼうとう》の一節《いっせつ》に明確《めいかく》に示《しめ》されています。

「夫《そ》れ一切衆生《いっさいしゅじょう》の尊敬《そんけい》すべき者《もの》三あり所謂《いわゆる》主師親これなり、又習学《またしゅうがく》すべき物《もの》三あり、所謂儒外内《じゅげない》これなり」（全一八六ページ・新五〇ページ）。万人《ばんにん》が尊敬すべきものとして「主の徳」「師の徳」「親の徳」という三徳を挙《あ》げられているのです。

さらにまた、習学すべき思想《しそう》・宗教として儒・外・内、すなわち儒教《じゅきょう》・道教《どうきょう》などの中国の諸教《しょきょう》、インドの外道《げどう》つまり仏教以外の諸教、そして内道《ないどう》である仏教の三つを挙《あ》げられている。

これらは、要するに、当時、日本に伝《つた》えられていた世界の主要《しゅよう》な思想《しそう》のすべてを挙《あ》げられているのです。

全世界の主要な思想・宗教を検討《けんとう》して、一切衆生《いっさいしゅじょう》にとって真《しん》に尊敬《そんけい》すべき主師親《しゅししん》の三徳《さんとく》を具備《ぐび》する存在《そんざい》は誰《だれ》かを明《あき》らかにしていくことが、本抄の骨格《こっかく》として貫《つらぬ》かれている大テーマとなります。

これらの思想・宗教に説《と》かれる神々や仏《ぶつ》・菩薩《ぼさつ》、聖人《せいじん》・賢人《けんじん》らは、何らかの形で主師親のいずれかの徳を具《そな》えたものとして説かれており、実際《じっさい》に、多くの人々から尊敬《そんけい》されていた。しかし、大聖人がここでテーマにされているのは、主師親の三徳をすべて兼《か》ね備《そな》えた存在は誰かということです。三徳を「具備」していてこそ、「一切衆生」に尊敬されるにふさわしい存在だからです。

大聖人は「祈禱抄《きとうしょう》」で、こう言われています。

「父母であっても身分《みぶん》が低《ひく》ければ主君《しゅくん》の義《ぎ》を兼ねることはできない。主君であっても父母でなければ恐《おそ》ろしい面《めん》がある。父母や主君であっても師匠《ししょう》であるわけではない。諸仏《しょぶつ》は世《せ》尊《そん》であられるから主君《しゅくん》であるが、娑婆《しゃば》世界〈注1〉に出現されていないのであるから師《し》匠《しょう》ではない。『娑婆世界の衆生《しゅじょう》は我《わ》が子である』とも明言《めいげん》されていない。ただ釈迦仏《しゃかぶつ》お一人《ひとり》が主師親《しゅししん》の三義《さんぎ》を兼《か》ね備《そな》えていらっしゃるのである」（全一三五〇ページ・新五九〇ページ、趣意）

この仰《おお》せは、諸仏《しょぶつ》のなかで釈迦仏のみが主師親の三徳《さんとく》を具備《ぐび》していることを示《しめ》されていますが、これは仏教以外の諸教《しょきょう》に範囲《はんい》を広げても同じです。

「開目抄《かいもくしょう》」に述《の》べられているように、古代《こだい》のインドや中国の思想《しそう》・宗教においては、創《そう》造神《ぞうしん》や裁《さば》きの神、また理想的《りそうてき》な皇帝《こうてい》、さらに教《おし》えを残《のこ》す聖人《せいじん》・賢人《けんじん》などに主師親の三徳があるとされてきました。しかし、いずれも三徳具備とは言えない。

尊貴《そんき》さ、威厳《いげん》、力《ちから》など、主の徳に当《あ》たるものは具《そな》えていても、父母の慈愛《じあい》のような徳が見られない場合がある。逆に、慈愛の徳があっても、尊貴さがないものもある。さらに、尊貴さや慈愛があっても、衆生《しゅじょう》を導《みちび》く法を説《と》かないので師の徳が見られないものもある。このように三徳の一分《いちぶん》しか具えていない場合が多いのです。

「開目抄」では、儒外内《じゅげない》の主師親を論《ろん》ずるなかで、それぞれの教えがいかなる「法」を説いているか、また、その「法」に基《もと》づいて衆生がいかなる実践《じっせん》をしているかに焦点《しょうてん》を当てて検討《けんとう》を進められていきます。

三徳《さんとく》は、衆生《しゅじょう》との関係で表《あらわ》される仏《ぶつ》・菩薩《ぼさつ》や諸尊《しょそん》の徳ですから、衆生に何を教《おし》え、いかなる実践《じっせん》を促《うなが》すのかが、三徳の真正《しんせい》さを知るうえで非常に重要《じゅうよう》であることは言うまでもありません。

その観点《かんてん》から検討すると、釈尊《しゃくそん》こそが一切衆生《いっさいしゅじょう》に対して三徳を具備《ぐび》しているのであり、中国の儒家《じゅか》やインドの外道《げどう》の諸尊・諸師《しょし》は「因果《いんが》」を知らず、真《しん》の主師親《しゅししん》とは言えない、と結論《けつろん》されています。

「大覚世尊《だいかくせそん》（＝釈尊）は此《これ》一切衆生の大導師《だいどうし》・大眼目《がんもく》・大橋梁《きょうりょう》・大船師《せんし》・大福田《ふくでん》等なり、外典《げてん》・外道《げどう》の四聖《しせい》・三仙《さんせん》其《そ》の名は聖《せい》なりといえども実《じつ》には三惑未断《さんわくみだん》の凡夫《ぼんぷ》・其の名は賢《けん》なりといえども実に因果を弁《わきまえ》ざる事嬰児《ことえいじ》のごとし、彼《かれ》を船として生死《しょうじ》の大海《たいかい》をわたるべしや彼を橋として六道《ろくどう》の巷《ちまた》こゑがたし我《わ》が大師《だいし》は変易《へんにやく》・猶《な》を・わたり給《たま》へり況《いわん》や分段《ぶんだん》の生死をや元品《がんぽん》の無明《むみょう》の根本《こんぽん》猶を・かたぶけ給へり況や見思枝葉《けんじしよう》の麤惑《そわく》をや」（全一八八㌻・新五三㌻、通解は本書四一㌻参照）

ここで仰《おお》せの「因果」とは、人間の幸不幸《こうふこう》を決する「三世《さんぜ》の因果」であり、本抄ではさらに「五重《ごじゅう》の相対《そうたい》」〈注2〉を通して、真《しん》の「成仏《じょうぶつ》の因果《いんが》」である「本因本果《ほんいんほんが》」〈注3〉が明《あ》かされていきます。これこそ、法華経本門寿量品《ほんもんじゅりょうほん》の文底《もんてい》に秘沈《ひちん》されている真の十界互具《じっかいごぐ》・一念三千《いちねんさんぜん》なのです。

「開目抄《かいもくしょう》」前半では、これまで伝《つた》えられた儒《じゅ》・外《げ》・内《ない》の教《おし》えのなかでは、一往《いちおう》、釈尊《しゃくそん》が一切《いっさい》の衆生《しゅじょう》に対して三徳《さんとく》を具備《ぐび》していると結論《けつろん》されます。そのうえで、釈尊の教えのなかでも、「文底の一念三千」こそが真の成仏の法であり、末法《まっぽう》の衆生を救《すく》う大法《だいほう》であることを明かされています。釈尊こそが主師親《しゅししん》の三徳を具備しているとされているのも、この真の「成仏の因果」を自《みずか》ら悟《さと》り、体現《たいげん》し、法華経として説《と》きあらわされたからなのです。

法華経の行者の実践に主師親が具《そな》わる

本抄の後半では、この真の「成仏の因果」を悟り、それを末法の全衆生に開《ひら》いていく、大聖人の「法華経の行者《ぎょうじゃ》」としての戦《たたか》いが明かされていきます。

大聖人は、ただお一人《ひとり》、法華経の文底に秘沈された成仏の大法を知られるとともに、この成仏《じょうぶつ》の法を妨《さまた》げる悪法《あくほう》が日本国に蔓延《まんえん》していることを知られている。「日本国に此《こ》れをしれる者は但《ただ》日蓮一人《いちにん》なり」（全二〇〇ページ・新七〇ページ）と仰《おお》せのとおりです。

しかし、その正法正義《しょうほうしょうぎ》をひとたび説《と》くや、想像《そうぞう》を絶《ぜっ》する未聞《みもん》の迫害《はくがい》の嵐《あらし》が吹《ふ》き荒《あ》れます。

「山に山をかさね波《なみ》に波をたたみ難《なん》に難を加《くわ》へ非《ひ》に非をますべし」（全二〇二ページ・新七二ページ）

そうした闘諍《とうじょう》の時代、濁世《じょくせ》の様相《ようそう》のなかで、それでも大聖人は、流罪《るざい》、死罪《しざい》の大難《だいなん》を越《こ》えて民衆救済《みんしゅうきゅうさい》の精神闘争《せいしんとうそう》を止《や》められることはなかった。その御境涯《ごきょうがい》を示《しめ》されたのが、次の一節《いっせつ》です。

「されば日蓮が法華経の智解《ちげ》は天台《てんだい》・伝教《でんぎょう》には千万が一分《いちぶん》も及《およ》ぶ事《こと》なけれども難を忍《しの》び慈悲《じひ》のすぐれたる事は・をそれをも・いだきぬべし」（同）

この一節についての詳細《しょうさい》な講義は後《のち》の機会《きかい》に譲《ゆず》るとして、ここで結論《けつろん》だけを記《しる》せば、釈《しゃく》尊以降《そんいこう》の仏教史《ぶっきょうし》にあって、民衆救済の忍難《にんなん》と慈悲の次元《じげん》において、日蓮大聖人以上の仏法指導者は存在《そんざい》しないとの大宣言《だいせんげん》であります。

法華経の行者《ぎょうじゃ》である大聖人に、なぜ法華経に説かれている通りに諸天善神《しょてんぜんじん》の加護《かご》がないのか。また、なぜ迫害者《はくがいしゃ》たちに現罰《げんばち》がないのか。本抄後半は、この疑問《ぎもん》をめぐって展開《てんかい》されます。

この疑問《ぎもん》は、本抄御執筆《ごしっぴつ》の背景《はいけい》の一つとして取り上げられる重要《じゅうよう》な疑難《ぎなん》です。これは、世間《せけん》から大聖人に浴《あ》びせられた中傷《ちゅうしょう》であると同時に、退転《たいてん》し、あまつさえ反逆《はんぎゃく》した門下《もんか》からも寄《よ》せられた非難《ひなん》でした。

大聖人は本抄で、「此《こ》の疑《うたがい》は此の書の肝心《かんじん》・一期《いちご》の大事《だいじ》」（全二〇三ジペー・新七四ジペー）として、この疑難に正面《しょうめん》から向き合い、人々の疑《うたが》いを晴《は》らしていかれた。

そのなかで、次第《しだい》に明《あき》らかになるのが、法華経で説《と》かれる法華経の行者《ぎょうじゃ》としての弘教《ぐきょう》の振《ふ》る舞《ま》いや、受ける迫害《はくがい》の相と、大聖人のお振る舞いとの完全なる一致《いっち》です。

特に、宝塔品《ほうとうほん》第十一に説かれる菩薩《ぼさつ》への誓願《せいがん》の勧《すす》めと六難九易《ろくなんくい》〈注4〉、提婆達多品《だいばだったほん》第十二の凡夫成仏《ぼんぷじょうぶつ》（悪人《あくにん》成仏と女人《にょにん》成仏）の奨励《しょうれい》、そして勧持品《かんじほん》第十三に説かれる三類《さんるい》の強敵《ごうてき》による法華経の行者への大迫害――すべて大聖人こそが法華経の行者であることを証明《しょうめい》するものとなっているのです。

大聖人こそが、文底《もんてい》の大法《だいほう》を悟《さと》られ、それを末法《まっぽう》の人々を救《すく》うために弘《ひろ》められている真《しん》の法華経の行者であられる。そのことが、大聖人のお振る舞いと法華経の経文《きょうもん》との一致が確認《かくにん》されるにつれて、厳然《げんぜん》と証明《しょうめい》されていきます。

　法華経の経文《きょうもん》による御自身《ごじしん》のお振《ふ》る舞《ま》いの精緻《せいち》な検証《けんしょう》が極《きわ》まったとき、大聖人御自身の「民衆救済《みんしゅうきゅうさい》の誓願《せいがん》」が迸《ほとばし》るように宣言《せんげん》されます。それが「詮《せん》ずるところは天《てん》もすて給《たま》え諸《しょ》難《なん》にもあえ身命《しんみょう》を期《ご》とせん」（全二三二㌻・新一一四㌻）以下の師子吼《ししく》にほかなりません。

　精神《せいしん》の究極《きゅうきょく》の頂上《ちょうじょう》に立たれて、迫害者《はくがいしゃ》や退転者《たいてんしゃ》の蠢《うごめ》きをはるか下方《かほう》に悠然《ゆうぜん》と見下《みお》ろされている。無知《むち》や不信や迷《まよ》いを突《つ》き抜《ぬ》けて戦《たたか》われる、魂《たましい》の清澄《せいちょう》な響《ひび》きが鳴《な》り渡《わた》る白眉《はくび》の一節《いっせつ》です。

　〝汝《なんじ》自身の生命の宝塔《ほうとう》を輝《かがや》かせ〟と、突《つ》き抜《ぬ》けた青空から降《ふ》り注《そそ》ぐような慈悲《じひ》の陽光《ようこう》の御境涯《ごきょうがい》が拝《はい》されます。

　本抄ではさらに、弟子《でし》たちに、民衆救済に徹《てっ》する仏法の実践《じっせん》こそ、転重軽受《てんじゅうきょうじゅ》〈注5〉・宿《しゅく》命転換《めいてんかん》の直道《じきどう》であり、一生成仏《いっしょうじょうぶつ》の大道であることが示《しめ》されていきます。

　そして最後に、折伏《しゃくぶく》の本質《ほんしつ》は「慈悲」であることが示されます。どこまでも一切衆生《いっさいしゅじょう》を思う大慈悲のゆえに、悪《あく》と戦い、難《なん》を忍《しの》び、法を弘《ひろ》めていかれるのです。この「慈悲」に即《そく》して、大聖人は御自身こそが末法《まっぽう》の主師《しゅし》親三徳《しんさんとく》であることを力強《ちからづよ》く宣言されます。

「日蓮は日本国の諸人《しよにん》にしうし《主師親》父母なり」（全二三七㌻・新一一二一㌻）

当時の日本国とは、法滅《ほうめつ》の国です。この日本国の諸人を救《すく》うことは、全人類《ぜんじんるい》の救済《きゅうさい》を可《か》能《のう》にします。すなわち、日蓮大聖人こそが、日本国の諸人、再往《さいおう》は末法万年《まっぽうまんねん》にわたる全人類の主師親《しゅししん》の三徳具備《さんとくぐび》の人本尊《にんほんぞん》であられることを宣言《せんげん》されている一節《いっせつ》にほかなりません。

このように、「開目抄《かいもくしょう》」では、導入部《どうにゅうぶ》で主師親三徳を主題《しゅだい》として提示《ていじ》し、結論部《けつろんぶ》において、法華経の行者《ぎょうじゃ》として戦《たたか》われる日蓮大聖人こそが、末法にあって主師親三徳を現《あらわ》した方《かた》であられることを宣言されているのです。

末法下種の主師親

以上、大聖人の主師親論として本抄の展開《てんかい》の大要《たいよう》を述《の》べました。

これに基《もと》づき、日蓮大聖人御自身《ごじしん》の主師親三徳、つまり「末法下種《げしゅ》の主師親」について、さらに拝察《はいさつ》していきたい。

大聖人は、成仏《じょうぶつ》の種子《しゅし》である妙法蓮華経を悟《さと》られただけではない。末法に生きる一切衆《いっさいしゅ》生《じょう》の異《い》の苦《く》、また同一苦《どういつく》を、御自身一人《ごじしんひとり》の苦として受けられながら〈注6〉、妙法蓮華経を受持《じゅじ》し抜《ぬ》かれました。また、この大法《だいほう》を末法《まっぽう》の全衆生《ぜんしゅじょう》のために身命《しんみょう》を惜《お》しまずに説《と》き弘《ひろ》められた。この大聖人の偉大《いだい》なお振《ふ》る舞《ま》いに、末法の衆生を啓発《けいはつ》して成仏《じょうぶつ》を可能《かのう》にする「末法下種《げしゅ》の主師親《しゅししん》」の徳《とく》を拝《はい》することができるのです。

まず、妙法蓮華経は宇宙根源《うちゅうこんげん》の法です。大聖人は、その法を悟《さと》られただけでなく、大難《だいなん》を越《こ》えながら妙法受持を貫《つらぬ》かれた。このお振る舞いは、大聖人の御生命が妙法蓮華経と完全に一体化《いったいか》されたことを証明《しょうめい》するものであり、宇宙全体と一体化した宇宙即我《そくわれ》の御境地《ごきょうち》を示《しめ》されていると拝察《はいさつ》できます。

この広大《こうだい》にして尊貴《そんき》なる御境涯《ごきょうがい》は「主徳《しゅとく》」と拝することができます。釈尊《しゃくそん》の主徳は法華経譬喩品《ひゆほん》で「三界《さんがい》は我《わ》が有《う》」〈注7〉と表現されていますが、これにならって大聖人の主徳を表現すれば「宇宙は我が世界」と言えるのではないでしょうか。

いかなる大難があっても、師子王《ししおう》の心を取り出し、いささかも揺《ゆ》るぐことなく、誓願《せいがん》のままに広宣流布《こうせんるふ》に邁進《まいしん》されるお姿《すがた》には、宇宙の中心に屹立《きつりつ》する法華経の大宝塔《だいほうとう》さながらの荘厳《そうごん》さと威厳《いげん》を拝することができます。

次に、大聖人は、御自身《ごじしん》の御生命に事実として顕現《けんげん》された妙法蓮華経を、衆生《しゅじょう》のために実践化《じっせんか》されました。

すなわち明鏡《めいきょう》たる御本尊と信《しん》・行《ぎょう》の題目をもって衆生を成仏《じょうぶつ》の道に導《みちび》かれたことは、まさに「師徳《しとく》」を現《あらわ》されていると拝《はい》することができます。

そして、衆生を苦悩《くのう》から救《すく》うために、末法《まっぽう》の凡夫《ぼんぷ》が己心《こしん》に仏界《ぶっかい》を開《ひら》くことができることを弛《たゆ》まず説《と》き続けて励《はげ》まされた。

とともに、自他《じた》の内《うち》なる仏性《ぶっしょう》を信じられない謗法《ほうぼう》の心を厳《げん》として戒《いまし》め、謗法に引《ひ》きずり込《こ》む悪縁《あくえん》の教《おし》えには、強く呵責《かしゃく》された。

そして、この謗法呵責のゆえに大難《だいなん》を受けられたが、それをすべて忍《しの》ばれた。これらは、すべて、大聖人の大慈悲《だいじひ》によるのです。

法華経譬喩品《ひゆほん》では「三界《さんがい》の中の衆生はみな我《わ》が子である」〈注8〉と親《おや》の徳《とく》が示《しめ》されていますが、大聖人の忍難《にんなん》・弘教《ぐきょう》のお振《ふ》る舞《ま》いに、末法の衆生を我が子のごとく育《はぐく》まれる「親《しん》徳《とく》」を拝することができます。

凡夫成仏《ぼんぷじょうぶつ》の「先駆《せんく》」「手本《てほん》」

大聖人は、末法広宣流布《まつぽうこうせんるふ》の「最初の人」「先駆の人」として、一切衆生《いっさいしゅじょう》を救《すく》うために大《だい》法《ほう》を弘《ひろ》められ、その戦《たたか》いに自《おの》ずと主師親《しゅししん》の三徳《さんとく》を具《そな》えられたのであります。

また、大聖人の先駆の戦いを、それに続く弟子《でし》の立場から言うならば、末法における凡夫成仏の「模範《もはん》」であり「手本」として拝《はい》することができます。

大聖人は「一人《ひとり》を手本として一切衆生平等《びょうどう》なること是《か》くの如《ごと》し」（全五六四ジペー・新七一四ジペー）と言われています。なかんずく、凡夫成仏の手本は大聖人以外におられない。ゆえに私たちは大聖人を「人本尊《にんほんぞん》」と拝するのです。

この点について、牧口先生が、真理《しんり》を発見《はっけん》し教《おし》える「聖賢《せいけん》」の立場と、その真理を信じて実践《じっせん》し価値《かち》創造《そうぞう》する私たち「凡夫」の立場を区別《くべつ》されたことを思い起《お》こします。究極《きゅうきょく》の真理を発見する「聖賢」は一人でよく、その他の人は真理を実践し証明《しょうめい》することに果《は》たすべき使命《しめい》があると考えられたのです。

すなわち次のように述《の》べられています。
「先覚《せんかく》の聖賢《せいけん》が、吾々《われわれ》衆生《しゅじょう》の信用を確立《かくりつ》せしめんがために、教《おし》へを開示《かいじ》された過程《かてい》（即《すなわ》ち説教体系《せっきょうたいけい》）と、それを信じて導《みちび》かれ、最大幸福の生活に精進《しょうじん》せんとする吾々凡夫《ぼんぷ》の生活過程とは、全《まった》く反対であるべきものである」（『牧口常三郎全集』第8巻、第三文明社。以下、同書から引用・参照）
すなわち、〝聖賢が出て、万人《ばんにん》が信じ実践《じっせん》すべき根本法《こんぽんほう》を確立した後は、私たち凡夫はその結論《けつろん》を実践して結果を体得《たいとく》してから、その法理《ほうり》を理解《りかい》すればよい〟と言われているのであります。それにもかかわらず、聖賢の教えを伝承《でんしょう》する者が、聖賢が結論に至《いた》る過程まで追体験《ついたいけん》することを民衆《みんしゅう》に要求《ようきゅう》するのは「大《おお》なる錯誤《さくご》」、「道草《みちくさ》を喰《く》ふ無益《むえき》の浪費《ろうひ》」であるとし、真理《しんり》と価値《かち》の混同《こんどう》を厳《きび》しく批判《ひはん》されています。
自他《じた》ともの幸福の実現こそが人間の最高の目的であると考える牧口先生にとっては、現実に苦悩《くのう》を除《のぞ》き、幸福をもたらすことが目的であり、そのための理論《りろん》は手段《しゅだん》にすぎなかった。さらにいえば、この実践の「模範《もはん》」としては、凡夫、普通《ふつう》の人の方《ほう》が望《のぞ》ましいと考えられていたのです。

つまり、「最高の具体的模範《ぐたいてきもはん》となる目標《もくひょう》」であっても、あまりにも「完全円満《えんまん》」な存在《そんざい》であれば、見習《みなら》う人にとっては「崇拝《すうはい》はするが及《およ》ばぬとして近付《ちかづ》き得《え》ぬ目的」である。むしろ、「最低級《さいていきゅう》なる姿《すがた》」すなわち凡夫《ぼんぷ》の姿のままで「下種的利益《げしゅてきりやく》」をなす人こそが「最大無上《むじょう》の人格《じんかく》」であるとされているのです。

現実に苦悩《くのう》にまみれて生きる人間にとって模範たりえる人こそ、最高に尊《とうと》いのです。日蓮大聖人は、苦悩の渦巻《うずま》く時代に一庶民《しょみん》として誕生《たんじょう》され、現実に生きる人間に仏界《ぶっかい》を涌現《ゆげん》させるという人間主義の実践《じっせん》を貫《つらぬ》かれた。

それ故《ゆえ》に種々《しゅじゅ》の難《なん》にあわれ、法華経を身読《しんどく》してその教説《きょうせつ》を証明《しょうめい》し、人間のもつ偉大《いだい》な可能性《かのうせい》をその身《み》の上に示《しめ》し顕《あらわ》してくださった。

牧口先生はその点について「それ（＝釈尊《しゃくそん》の仏法、なかんずく法華経）が日蓮大聖人の出現によつて地上《ちじょう》（＝現実世界）に関係づけられ、しかもその御一生《ごいっしょう》の法難《ほうなん》などによつて、一々《いちいち》因果《いんが》の法則《ほうそく》が証明されたとしたらば、理想《りそう》だけの法華経が吾々《われわれ》の生活に現実に生きたことではないか」と述《の》べられています。さらに「これは単《たん》に日蓮大聖人御一人《おひとり》に限《かぎ》ったことでなく、仰《おおせ》の通り、何人《なんぴと》にでも妥当《だとう》するものであることは、吾《わ》れ人（＝自他《じた》）の信行《しんぎょう》するもの、容易《ようい》に証明《しょうめい》され得る所《ところ》である」とし、忍難弘通《にんなんぐつう》された日蓮大聖人こそが私たちの模範《もはん》と仰《あお》ぐべき末法《まっぽう》の御本仏《ごほんぶつ》であることを訴《うった》えられているのです。

以上、牧口先生の卓越《たくえつ》した洞察《どうさつ》を見てきましたが、牧口先生が徹底《てってい》して、信じ実践《じっせん》する者の側《がわ》に立った信仰観《しんこうかん》をもっておられていたことが窺《うかが》えます。ともに、ここには、人間に平等《びょうどう》な尊厳《そんげん》を見る「人間主義」の精神《せいしん》が示《しめ》されていると言えます。

宗教観の転換《てんかん》

最後に、大聖人の「主師親《しゅししん》」観《かん》に拝《はい》することができる「宗教観の転換」について述《の》べておきたい。

大聖人は「諸法実相抄《しょほうじっそうしょう》」で仰《おお》せです。

「凡夫《ぼんぷ》は体《たい》の三身《さんじん》にして本仏《ほんぶつ》ぞかし、仏《ほとけ》は用《ゆう》の三身にして迹仏《しゃくぶつ》なり、然《しか》れば釈迦仏《しゃかぶつ》は我《わ》れ等《ら》衆生《しゅじょう》のためには主師親の三徳《さんとく》を備《そな》へ給《たま》うと思ひしに、さにては候《そうら》はず返《かえ》つて仏に三徳をかふらせ奉《たてまつ》るは凡夫なり」（全一三五八㌻・新一七八九㌻）

〈通解〉「凡夫《ぼんぷ》は仏《ほとけ》の本体《ほんたい》であり本仏《ほんぶつ》である。釈迦《しゃか》・多宝《たほう》などの仏は働《はたら》きを示《しめ》す仏であり迹仏《しゃくぶつ》である。したがって、釈迦仏は私たち衆生《しゅじょう》に対して主師親《しゅししん》の三徳《さんとく》を具《そな》えられていると思っていたが、そうではなくて、かえって仏に三徳を与《あた》えているのが凡夫なのである」

旧来《きゅうらい》の神仏《しんぶつ》の考え方から言うと、釈迦仏が衆生のために主師親の三徳を具えた偉《えら》い仏かと思っていたのに、実《じつ》は、そうではない。衆生が仏性《ぶっしょう》をもち、仏の生命を現《あらわ》す可能性《かのうせい》を具えているからこそ、釈迦仏は衆生の主師親としての徳を発揮《はっき》しうるのであり、それゆえ衆生が釈迦仏に三徳を与えているのであると言われているのです。

ここでは、主師親三徳の考え方、そして、宗教のあり方について、「革命的《かくめいてき》な転換《てんかん》」がなされています。旧来《きゅうらい》の考え方で言えば、主君《しゅくん》は民衆《みんしゅう》を支配《しはい》し、従《したが》える存在《そんざい》です。師匠《ししょう》は、弟子《でし》を導《みちび》き、鍛《きた》える存在です。親《おや》は、子を産《う》み、子に敬《うやま》われる存在です。このような関係だけで見ると、主・師・親は権威《けんい》ある存在であり、そこから仏を主師親になぞらえても権威主義的な宗教しか生まれません。

しかし、主君は民衆を幸《しあわ》せにしてこそ主君であり、師匠は弟子を一人前《いちにんまえ》に成長させてこそ師匠《ししょう》であり、親《おや》は子を立派《りっぱ》に育《そだ》ててこそ親です。このような観点《かんてん》で主師親《しゅししん》を見れば、主《しゅ》君《くん》は民衆《みんしゅう》が幸《しあわ》せになる可能性《かのうせい》を持っていればこそ主君としての力《ちから》を発揮《はっき》できるのであり、師匠は弟子《でし》が立派に成長する可能性を持っているからこそ師匠としての徳《とく》を具《そな》えることができるのであり、親は子が一人前《いちにんまえ》に育つ可能性を持っているからこそ親としての役割《やくわり》を果《は》たせるのです。

宗教も同じです。衆生《しゅじょう》が成仏《じょうぶつ》できる可能性を持っているからこそ、仏《ほとけ》は主師親の三徳を具えることができるのです。

この大聖人の仰《おお》せには、神や仏に服従《ふくじゅう》し、僧侶《そうりょ》に拝《おが》んでもらう「権威主義《けんいしゅぎ》の宗教」から、民衆が幸せになるための「人間主義の宗教」への転換《てんかん》が示《しめ》されているのです。

注

〈注1〉**【娑婆世界《しゃばせかい》】**「娑婆」とはサンスクリット（古代《こだい》インドの文章語）の「サハー」の音写《おんしゃ》。私たちが生きる苦悩《くのう》に満《み》ちた現実世界を意味《いみ》し、漢訳《かんやく》では「堪忍世界《かんにんせかい》」等と漢訳《かんやく》される。

〈注2〉【五重《ごじゅう》の相対《そうたい》】既出（本書三五㌻参照）。

〈注3〉【本因本果《ほんいんほんが》】根本因《こんぽんいん》とその結果のことで、とりわけ成仏《じょうぶつ》の根本因とそれによって証得《しょうとく》した仏《ほとけ》の真実の境涯《きょうがい》のこと。

〈注4〉【六難九易《ろくなんくい》】法華経見宝塔品《けんほうとうほん》第十一には、釈尊滅後《しゃくそんめつご》に法華経を実践《じっせん》する難《むずか》しさを六つの観点《かんてん》から説《と》き、それに比《くら》べれば、須弥山《しゅみせん》をとって他方《たほう》の世界に投《な》げるなどの九つのことは易《やさ》しいと説いていること。

〈注5〉【転重軽受《てんじゅうきょうじゅ》】「重きを転じて軽《かる》く受く」と読み下す。涅槃経《ねはんきょう》巻三十一に説《と》かれた法門《ほうもん》。正法《しょうほう》を護持《ごじ》する功徳《くどく》によって、過去世《かこせ》の重罪《じゅうざい》を転じて、現世《げんせ》で軽く、その報《むく》いを受けるとの意。

〈注6〉「御義口伝《おんぎくでん》」には「涅槃経《ねはんきょう》に云《いわ》く『一切衆生《いっさいしゅじょう》の異《い》の苦《く》を受くるは悉《ことごと》く是《こ》れ如来《にょらい》一人の苦』と云云、日蓮が云く一切衆生の異の苦を受くるは悉く是れ日蓮一人の苦なるべし」（全七五八㌻・新一〇五六㌻）とある。また「諌暁八幡抄《かんぎょうはちまんしょう》」には「涅槃経に云く『一切衆生異の苦を受くるは悉く是《これ》如来一人の苦なり』等云云、日蓮云く一切衆生の同一苦《どういつく》は悉く是日蓮一人の苦と申すべし」（全五八七㌻・新七四五㌻）とある。「異の苦」とは、人々それぞれに異《こと》なる種々《しゅじゅ》の苦悩《くのう》であり、「同一苦」とは生命根源《こんげん》の迷《まよ》いである無明《むみょう》によって起《お》こる苦悩で、そのいずれに対しても日蓮大聖人は自身の問題としてとらえ同苦《どうく》し、解決《かいけつ》を図《はか》られた。

〈注7〉法華経譬喩品《ひゆほん》第三には「今此《こ》の三界《さんがい》は　皆《み》な是《こ》れ我《わ》が有《う》なり」（法華経一九一㌻）とある。三界とは、欲界《よっかい》・色界《しきかい》・無色界《むしきかい》であり、六道《ろくどう》という迷《まよ》いの境涯《きょうがい》の者が住む世界のすべてである。この三界が、釈尊《しゃくそん》が所有《しょゆう》するものである、と述《の》べ、釈尊が三界の主《あるじ》であることが示《しめ》されている。

〈注8〉「其《そ》（＝三界《さんがい》）の中の衆生《しゅじょう》は　悉《ことごと》く是《こ》れ吾《わ》が子なり」（法華経一九一ページ）

第3回　文底《もんてい》——全人類救う凡夫成仏《ぼんぷじょうぶつ》の大法

御文

但《ただ》し此《こ》の経《きょう》に二箇《にか》の大事あり倶舎宗《くしゃしゅう》・成実宗《じょうじつ》・律宗《りつ》・法相宗《ほっそう》・三論宗《さんろん》等は名をもしらず華厳宗《けごん》と真言宗《しんごん》との二宗は偸《ひそか》に盗《ぬす》んで自宗《じしゅう》の骨目《こつもく》とせり、一念三千《いちねんさんぜん》の法門《ほうもん》は但《ただ》法華経の本門《ほんもん》・寿量品《じゅりょうほん》の文《もん》の底《そこ》にしづめたり、竜樹《りゅうじゅ》・天親《てんじん》・知つてしかも・いまだ・ひろ《拾》いいだ《出》さず但我《わ》が天台智者《てんだいちしゃ》のみこれをいだ《懐》けり（全一八九ページ・新五四ページ）

通解

ただし、この法華経に迹門理《しゃくもんり》の一念三千《いちねんさんぜん》と本門事《ほんもんじ》の一念三千という二つの大事な法門《ほうもん》がある。倶舎宗《くしゃしゅう》・成実宗《じょうじつ》・律宗《りつ》・法相宗《ほっそう》・三論宗《さんろん》などは、一念三千の名さえ知らない。華厳宗《けごん》と真言宗《しんごん》との二宗は、この法門をひそかに盗《ぬす》んで自宗《じしゅう》の教義《きょうぎ》の骨格《こっかく》とし、眼目《がんもく》としている。この一念三千の法門は、釈尊《しゃくそん》の一代仏教のなかでも、ただ法華経、法華経のなかでも、ただ本門寿量品《じゅりょうほん》、本門寿量品のなかでも、ただ文《もん》の底《そこ》に秘《ひ》し沈《しず》められたのである。竜樹《りゅうじゅ》や天親《てんじん》は、一念三千を知ってはいたが、それを拾《ひろ》い出《だ》して説《と》くことはせず、ただ、わが天台智者《てんだいち》大師《しゃだいし》だけが、これを心のなかに懐《いだ》いていたのである。

講義

文底《もんてい》の一念三千《いちねんさんぜん》こそ凡夫成仏《ぼんぷじょうぶつ》の要法《ようほう》

この御文《ごもん》において日蓮大聖人は、「凡夫成仏」の鍵《かぎ》となる根源《こんげん》の法を「一念三千の法《ほう》門《もん》」と呼《よ》ばれ、それが「但《ただ》法華経の本門《ほんもん》・寿量品《じゅりょうほん》の文《もん》の底《そこ》」に秘《ひ》沈《ちん》されていると述《の》べられています。

「文の底」に秘沈されている一念三千とは、「一切衆生《いっさいしゅじょう》の成仏」を掲《かか》げる法華経の真髄《しんずい》というべき法理《ほうり》で、一言《ひとこと》で言えば、「凡夫成仏の大法《だいほう》」としての十界互《じっかいご》具《ぐ》・一念三千であると言えます。

大聖人は、この文底仏法を説《と》かれることによって、末法《まっぽう》という悪世《あくせ》における民衆一人《みんしゅうひと》ひとりの根源的《こんげんてき》な救済《きゅうさい》の大道を開《ひら》かれたのです。

日寛上人《にちかんしょうにん》が、この「但《ただ》」の字を三重《さんじゅう》に冠《かん》して拝《はい》され、三重秘伝《さんじゅうひでん》〈注1〉の教判《きょうはん》を立てられたことは、よく知られています。

すなわち、釈尊一代《しゃくそんいちだい》の教《おし》えのなかでも「ただ法華経」と読めば権実相対《ごんじつそうたい》して「迹門《しゃくもん》の理《り》の一念三千《いちねんさんぜん》」を明《あ》かし、法華経のなかでも「ただ本門寿量品《ほんもんじゅりょうほん》」と読めば本迹《ほんじゃく》相対して「本門文上《もんじょう》の事《じ》の一念三千」を明かし、そして寿量品のなかでも「ただ文《もん》の底《そこ》」と読めば種脱《しゅだつ》相対して「文底事行《もんていじぎょう》の一念三千」を明かすことになります。

また、一念三千は、ともすると「三千」という法数《ほうすう》〈注2〉に目を奪《うば》われがちですが、この原理《げんり》の中核《ちゅうかく》は、むしろ「十界互具《じっかいごぐ》」にあります。

本抄では、この文底秘沈《ひちん》の御文《ごもん》に続く個所《かしょ》で、「一念三千は十界互具よりことはじまれり」（全一八九ページ・新五四ページ）と仰《おお》せです。そして、この後、成仏《じょうぶつ》の要法《ようほう》としての「本因本果《ほんいんほんが》」「真《しん》の十界互具」が明《あ》かされていきます〈注3〉。

さらに、文底事行の一念三千においては、十界互具といっても、九界即仏界《きゅうかいそくぶっかい》・仏界即九界〈注4〉が重要《じゅうよう》となる。「撰時抄《せんじしょう》」に「一念三千は九界即仏界・仏界即九界と談《だん》ず」（全二五六ページ・新一六一ページ）と仰せの通りです。

なぜ九界即仏界《きゅうかいそくぶっかい》、仏界即九界が焦点《しょうてん》となるのかといえば、そこに凡夫成仏《ぼんぷじょうぶつ》の原理《げんり》が示《しめ》されているからです。

すなわち、煩悩《ぼんのう》・業《ごう》・苦《く》〈注5〉に満《み》ち、無常《むじょう》であると思われた凡夫の生命、すなわち「九界」の衆生《しゅじょう》の生命に、永遠《えいえん》の「仏界」の清浄《せいじょう》にして自在《じざい》な生命力《せいめいりょく》が涌現《ゆげん》し、躍動《やくどう》することを示す法理《ほうり》だからです。「毒《どく》を変《へん》じて薬《くすり》と為《な》す」〈注6〉がごとき生命の劇的《げきてき》な転換《てんかん》が起《お》こるのです。

大聖人は、九界の凡夫の身《み》を捨《す》てずに仏界の生命を現《あらわ》す凡夫成仏の道、つまり事実として十界互具《じっかいごぐ》を実現する道を、寿量品《じゅりょうほん》の久遠実成《くおんじつじょう》〈注7〉の根底《こんてい》に洞察《どうさつ》されたのです。

また、煩悩・業・苦に沈《しず》む九界の生命を仏界の生命へと転換することを可能《かのう》にするのが、妙法への「信《しん》」であり、その信を根本《こんぽん》とした「祈《いの》り」と「行動」です。

法華経に説《と》かれる不軽菩薩《ふきょうぼさつ》〈注8〉は、自他《じた》の仏性《ぶっしょう》を信ずる不屈《ふくつ》の信念《しんねん》と、人を敬《うやま》い礼拝《らいはい》する行動を貫《つらぬ》くことによって、ついに凡夫の身のままで宿業《しゅくごう》を転換し、六根清浄《ろっこんしょうじょう》〈注9〉の功徳《くどく》を得《え》て、成仏しました。

自他の仏性に対する「清浄で強い信」は元品《がんぽん》の無明《むみょう》を打《う》ち破《やぶ》る力《ちから》であり、「深《ふか》き祈り」

は妙法と一体《いったい》の仏界《ぶっかい》の生命力《せいめいりょく》を涌現《ゆげん》させる力《ちから》があるのです。そして、妙法を唱《とな》え続ける「持続《じぞく》の題目《だいもく》」は仏界の力を絶《た》えずわが身《み》に顕現《けんげん》させ、一生成仏《いっしょうじょうぶつ》を可能《かのう》にする力があります。

このように大聖人は、十界互具《じっかいごぐ》が事実として実現する道を、「信《しん》」「祈《いの》り」「唱題《しょうだい》」という身《しん》・口《く》・意《い》の三業《さんごう》にわたる「事行《じぎょう》の南無妙法蓮華経」〈注10〉として確立《かくりつ》してくださったのです。

そして、いわば見えない自他《じた》の仏性《ぶっしょう》への信を開《ひら》くために、御自身《ごじしん》の南無妙法蓮華経の生命を御本尊として顕《あらわ》され、私たちの信心の明鏡《めいきょう》としてくださったのです。

文底《もんてい》は文《もん》・義《ぎ》・意《い》の「意」にあたる

ここで、寿量品《じゅりょうほん》の「文《もん》の底《そこ》」と言われている意味《いみ》を、文・義・意〈注11〉の三つの面から考えてみたい。

寿量品には開近顕遠《かいごんけんのん》〈注12〉、久遠実成《くおんじつじょう》、方便現涅槃《ほうべんげんねはん》〈注13〉などの文・義が説《と》かれ、それを通して、釈尊《しゃくそん》の本地《ほんち》は、久遠《くおん》の過去《かこ》から永劫《えいごう》の未来《みらい》にわたり、娑婆《しゃば》世界を含《ふく》むあらゆる世界の一切衆生《いっさいしゅじょう》を救《すく》い続ける永遠《えいえん》の仏《ほとけ》であることが明《あ》かされます。

そして、この仏の永遠の生命が、久遠の昔《むかし》における菩薩行《ぼさつぎょう》によって得《え》られたと説《と》かれます。すなわち「我本行菩薩道《がほんぎょうぼさつどう》」〈注14〉の文《もん》がそれです。この久遠の菩薩行に凡夫成仏《ぼんぷじょうぶつ》の鍵《かぎ》がある。

ただし、これら経文上《きょうもんじょう》の文・義《ぎ》にとらわれると、どうしても、本果《ほんが》〈注15〉の姿《すがた》を示《しめ》している教主《きょうしゅ》釈尊に目が奪《うば》われます。

そうすると、自分の外にいる本果の釈尊に〝救済《きゅうさい》してもらう〟という誤《あやま》った信仰《しんこう》に陥《おちい》ってしまい、絶対的《ぜったいてき》な神仏《しんぶつ》に〝すがる信仰〟に終わり、自身の内《うち》に仏界《ぶっかい》を現《あらわ》すという真《しん》の成仏は得られない。

寿量品文上《じゅりょうほんもんじょう》の釈尊が永遠の妙法の力《ちから》を本果の仏として示したのに対して、文底《もんてい》の仏法は、久遠の菩薩行を修行《しゅぎょう》している凡夫の釈尊を表《おもて》に立てつつ、凡夫における本因《ほんいん》〈注16〉の法と実践《じっせん》を明確《めいかく》に定《さだ》めていくのです。

寿量品の文上には凡夫成仏・十界互具《じっかいごぐ》が明確に説かれているわけではない。しかし、その「意《い》」においては、凡夫成仏《ぼんぷじょうぶつ》の要法《ようほう》が文底《もんてい》に厳然《げんぜん》と拝《はい》されるのです。

宗教的精神《せいしん》を忘《わす》れるな

さて、寿量品《じゅりょうほん》の「文底」に秘沈《ひちん》された、真《しん》の十界互具《じっかいごぐ》・一念三千《いちねんさんぜん》による凡夫成仏は、「法華経の心」であり、「仏法の肝要《かんよう》」であり、また「宗教の根源《こんげん》」でもあると言えます。

私はこれまで、識者《しきしゃ》との対談《たいだん》や海外講演《こうえん》で、折《おり》に触《ふ》れて「宗教的精神」や「宗教的なるもの」の大切さを強調《きょうちょう》してきました〈注17〉。

「宗教的精神」とは、虚無《きょむ》から勇気《ゆうき》を、絶望《ぜつぼう》から希望《きぼう》を創造《そうぞう》する精神の力《ちから》であり、また、その力を自他《じた》の生命に、そして宇宙《うちゅう》の万物《ばんぶつ》に見いだしていく精神です。

どんな苦難《くなん》や行《い》き詰《づ》まりがあっても、自分のなかにそれらを乗《の》り越《こ》えていく力があることを信じ、行動し、新しい価値《かち》を創造していく魂《たましい》が宗教的精神です。

あらゆる宗教は、人間のこの宗教的精神から生まれてきたのであり、宗教的精神はいわば宗教の原点《げんてん》であり、源泉《げんせん》といえる。

大聖人は、人々が無常《むじょう》なものに執着《しゅうちゃく》し、貪《とん》・瞋《じん》・癡《ち》〈注18〉に翻弄《ほんろう》されて、不信《ふしん》と憎悪《ぞうお》で分断《ぶんだん》されていく末法《まっぽう》の時代は、宗教もまた、原点《げんてん》の宗教的精神《せいしん》を忘《わす》れ、人間から遊離《ゆうり》して、硬直化《こうちょくか》し形骸化《けいがいか》し細分化《さいぶんか》されたそれぞれの教義《きょうぎ》にとらわれ、争《あらそ》いあう時代であると捉《とら》えられました（闘諍言訟《とうじょうごんしょう》・白法隠没《びゃくほうおんもつ》）。

そして、根源《こんげん》の宗教的精神を復活《ふっかつ》させなければ、人々も時代も救済《きゅうさい》できないと考えられたと拝《はい》されます。

ゆえに、事実として人間生命に仏界《ぶっかい》を開《ひら》いていく真《しん》の十界互具《じっかいごぐ》・一念三千《いちねんさんぜん》を「文《もん》の底《そこ》」にまで求《もと》めていかれたのです。

だからこそ、人間の生命の永遠性《えいえんせい》を確《たし》かに把握《はあく》し、人間が現実の行動のなかに永遠性を輝《かがや》かせゆくことができる事行《じぎょう》の一念三千として、文底《もんてい》の一念三千を確立《かくりつ》されるに至《いた》ったと拝することができます。

御文《ごもん》では、倶舎宗《くしゃしゅう》・成実宗《じょうじつ》・律宗《りつ》・法相宗《ほっそう》・三論宗《さんろん》〈注19〉などは一念三千について〝名さえ知らない〟、また華厳宗《けごん》と真言宗《しんごん》の二宗〈注20〉は〝ひそかに盗《ぬす》み入《い》れて自宗《じしゅう》の教義の骨目《こつもく》にしている〟と弾呵《だんか》されています。

一念三千《いちねんさんぜん》を盗《ぬす》み入れたというのは、先ほどの文《もん》・義《ぎ》・意《い》で言えば、文を盗み入れ、義に同じものがあるように装《よそお》ったが、意には到底及《とうていおよ》ばなかった、ということです。

このような一念三千に関する混乱《こんらん》の姿《すがた》は、当時の既存《きそん》の諸宗派《しょしゅうは》が宗教的精神《せいしん》を忘《わす》れていることを如実《にょじつ》に示《しめ》しています。

永遠的《えいえんてき》なもの、絶対的《ぜったいてき》なものを人間のなかに見て、人間生命を輝《かがや》かせていくことを願《ねが》う精神が宗教的精神です。

大聖人の文底《もんてい》仏法は、その宗教的精神のままに立てられた教《おし》えなのです。

戸田先生は言われました。

「全人類《ぜんじんるい》を仏《ほとけ》の境涯《きょうがい》、すなわち、最高の人格価値《じんかくかち》の顕現《けんげん》においたなら、世界に戦争もなければ飢餓《きが》もありませぬ。疾病《しっぺい》もなければ、貧困《ひんこん》もありませぬ。全人類を仏にする、全人類の人格を最高価値のものとする。これが『如来《にょらい》の事《じ》』を行《ぎょう》ずることであります」〈注21〉

戸田先生のこの言葉の通り、学会は大聖人に直結《ちょっけつ》し、宗教的精神を大きく発揮《はっき》して、「民衆《みんしゅう》仏法」「人間主義の宗教」を世界に広げてきたのです。

末法流布《まっぽうるふ》の大法《だいほう》

この一節《いっせつ》の結《むす》びとして、大聖人は、「一念三千《いちねんさんぜん》の法門《ほうもん》」を竜樹《りゅうじゅ》や天親《てんじん》〈注22〉は〝知ってはいたが、それを拾《ひろ》い出して説《と》くことはしなかった〟、ただ、天台智者大師《てんだいちしゃだいし》だけが〝心のなかに懐《いだ》いていた〟と仰《おお》せられています。

「竜樹・天親・知って」とは、釈尊滅後《しゃくそんめつご》の正法《しょうほう》の系譜《けいふ》を継承《けいしょう》した竜樹・天親も法華経の極理《ごくり》を知っていたとの内鑒冷然《ないかんれいねん》〈注23〉の原理《げんり》を示《しめ》していると拝《はい》されます。

例《たと》えば竜樹は、他の諸経《しょきょう》では不成仏《ふじょうぶつ》とされた二乗《にじょう》の成仏を説く法華経の「変毒為薬《へんどくいやく》」の力《ちから》を賛嘆《さんたん》して、法華経こそが真《しん》の秘密《ひみつ》の法であって、他経《たきょう》にはこの力がないと述《の》べています。これは、九界《きゅうかい》の生命に仏界《ぶっかい》を涌現《ゆげん》する凡夫《ぼんぷ》成仏を可能《かのう》にする法華経の極理を知っていることを意味《いみ》します。

しかし、「知つてしかも・いまだ・ひろい《拾》いだ《出》さず」（全一八九㌻・新五四㌻）と仰せのように、「時」が未《いま》だ至《いた》らないために、一念三千を人々の前に提示《ていじ》することはなかったのです。そして、「但我《ただわ》が天台智者《てんだいちしゃ》のみこれをいだ《懐》けり」（全一八九㌻・新五四㌻）とは、像法《ぞうほう》時代の天台大師《だいし》だけが、一念三千《いちねんさんぜん》の観念観法《かんねんかんぽう》を行《ぎょう》じていたことを示《しめ》されていると拝《はい》せます。

しかし、天台大師の一念三千は実質上《じっしつじょう》、自行《じぎょう》にとどまっており、自他《じた》ともの凡夫成仏《ぼんぷじょうぶつ》の法として広く弘《ひろ》めたわけではありません。

一念三千を「知っていたが顕《あらわ》さなかった」「内《うち》に懐《いだ》いていた」と正法《しょうほう》・像法の正師《しょうし》たちについて言及《げんきゅう》されている元意《がんい》は、日蓮大聖人こそが「末法《まっぽう》に弘める」ことを言外《げんがい》に示されるためです。本抄の後半は、その大聖人の法華経の行者《ぎょうじゃ》としての弘教《ぐきょう》について述《の》べられていきます。

文底《もんてい》の一念三千は「事行《じぎょう》」の法です。「法」は〝ある〟ものではなく、〝弘める〟べきものです。「法」を弘めることによって、万人《ばんにん》の内なる仏性《ぶっしょう》を照《て》らし、その人自身を輝《かがや》かせてこそ、初めて、法の価値《かち》は発揮《はっき》される。言うなれば、価値を創造《そうぞう》しなければ、法の存在《そんざい》意義《いぎ》は生まれないとさえ、言えるのです。

その意味《いみ》から言えば、「一念三千の法門《ほうもん》」なかんずく「文底の一念三千」を、いつ、だれが弘通《ぐつう》するのか。その主題《しゅだい》抜《ぬ》きに文底の法を論《ろん》じても、画餅《がべい》に過《す》ぎない。

真《しん》の一念三千《いちねんさんぜん》の法門《ほうもん》を末法《まっぽう》に弘《ひろ》める者こそが、末法の主師親《しゅしし》三徳《しんさんとく》であり、その教主《きょうしゅ》とは日蓮大聖人にほかならない。それを明《あき》らかにしていくために、この文底秘沈《もんていひちん》の一節《いっせつ》があるのです。

注

〈注1〉【三重秘伝《さんじゅうひでん》】一念三千《いちねんさんぜん》の法門《ほうもん》が三重に秘伝されていること。三重とは、法華経の迹門《しゃくもん》、本門《ほんもん》寿量品《じゅりょうほん》、寿量品の文底《もんてい》の三段階《だんかい》をいう。

〈注2〉【「三千」という法数《ほうすう》】十如是《じゅうにょぜ》・十界互具《じっかいごぐ》・三世間《さんせけん》によって構成《こうせい》される「三千」の数のこと。生命自体の十種類の境涯《きょうがい》の変化相である十界（十法界）、十界のおのおのに十界が互《たが》いに具《ぐ》している十界互具（百法界《ひゃっぽうかい》）、十界の心身《しんしん》の活動に十種の側面《そくめん》があるとする十如是（百界千如《ひゃっかいせんにょ》）、そして千如是にそれぞれ三世間が具《そな》わっていることから三千世間となる。

〈注3〉「爾前迹門《にぜんしゃくもん》の十界《じっかい》の因果《いんが》を打ちやぶつて本門《ほんもん》の十界の因果をとき顕《あらわ》す、此即《これすなわ》ち本因本果《ほんいんほんが》の法門《ほうもん》なり、九界《きゅうかい》も無始《むし》の仏界《ぶっかい》に具《ぐ》し仏界も無始の九界に備《そなわ》りて・真《しん》の十界互具《ごぐ》・百界千如《ひゃっかいせんにょ》・一念三《いちねんさん》千《ぜん》なるべし」（全一九七ジペー・新六六ジペー）。

〈注4〉【九界即仏界《きゅうかいそくぶっかい》・仏界即九界】成仏《じょうぶつ》の因《いん》である九界の生命にも仏界が具《そな》わり、果である仏界の生命にも九界が具わっていること。

〈注5〉【煩悩《ぼんのう》・業《ごう》・苦《く》】「煩悩」とは貪欲《とんよく》、瞋恚《しんに》、愚癡《ぐち》など。「業」とは煩悩から起こる善悪《ぜんあく》の身口意《しんくい》の所作《しょさ》。「苦」とは煩悩や業を因として招《まね》いた三界六道《さんがいろくどう》の苦《く》しみの果報《かほう》。

〈注6〉【「毒《どく》を変じて薬《くすり》と為《な》す」】まったく性質《せいしつ》の反対のものに転換《てんかん》することをいう。『大智度論《だいちどろん》』巻百に「大薬師《だいやくし》の能《よ》く毒を以《もっ》て薬と為すが如《ごと》し」とあり、天台大師《てんだいだいし》は『法華玄義《ほっけげんぎ》』にこの文を引いて、諸経《しょきょう》では永遠《えいえん》に不成仏《ふじょうぶつ》とされた二乗《にじょう》さえも、法華経の功力《くりき》で成仏の記《き》を受けたことを譬《たと》えている。

〈注7〉【久遠実成《くおんじつじょう》】釈尊《しゃくそん》は実《じつ》は五百塵点劫《ごひゃくじんてんこう》という久遠の過去に成仏《じょうぶつ》して以来の永遠《えいえん》の仏《ほとけ》であるということ。法華経本門寿量品《ほんもんじゅりょうほん》で明《あ》かされた。

〈注8〉【不軽菩薩《ふきょうぼさつ》】法華経の常不軽菩薩品に説かれる菩薩。釈尊《しゃくそん》の過去世《かこせ》の修行《しゅぎょう》の姿《すがた》で、「我《わ》れは深《ふか》く汝等《なんだち》を敬《うやま》い、敢《あえ》て軽慢《きょうまん》せず。所以《ゆえん》は何《いか》ん、汝等は皆《み》な菩薩の道《どう》を行《ぎょう》じて、当《まさ》に作仏《さぶつ》することを得《う》べし」（法華経五五七ページ）と唱《とな》えながら、すべての会う人を礼拝《らいはい》したが、増上慢《ぞうじょうまん》の人々から迫《はく》害《がい》された。この修行が釈尊の成仏《じょうぶつ》の因《いん》となったと説かれる。

〈注9〉【六根清浄《ろっこんしょうじょう》】六根とは眼《げん》・耳《に》・鼻《び》・舌《ぜっ》・身《しん》・意《い》の六つの感覚《かんかく》・認識器官《にんしききかん》をいい、これらが煩悩《ぼんのう》の影響《えいきょう》を受けず、正《ただ》しく働《はたら》き、清《きよ》らかになり、多くのすぐれた働きを具《そな》えること。

〈注10〉**【「事行《じぎょう》の南無妙法蓮華経」】**「事《じ》」とは具体的《ぐたいてき》な事物、実際《じっさい》の行動をいう。日蓮大聖人が自身の生命に覚知《かくち》された根源《こんげん》の妙法を直《ただ》ちに曼荼羅《まんだら》として具現化《ぐげんか》されたが、その曼荼羅を本尊として実際に実践《じっせん》する法として説示《せつじ》された南無妙法蓮華経のこと。

〈注11〉**【文《もん》・義《ぎ》・意《い》】**「文」とは経文《きょうもん》等の文面《ぶんめん》。「義」とは教義《きょうぎ》、道理《どうり》。「意」とは元意《がんい》、主旨《しゅし》、意図《いと》。

〈注12〉**【開近顕遠《かいごんけんのん》】**「近《ごん》を開《ひら》いて遠《おん》を顕《あらわ》す」と読む。近成《ごんじょう》（始成正覚《しじょうしょうかく》）を開いて遠成《おんじょう》（久遠実成《くおんじつじょう》）を顕すこと。

〈注13〉**【方便現涅槃《ほうべんげんねはん》】**仏《ほとけ》が衆生《しゅじょう》を救《すく》うために、衆生に仏と法を求《もと》める心を起《お》こさせる方便として入滅《にゅうめつ》を現ずること。

〈注14〉**【「我本行菩薩道《がほんぎょうぼさつどう》」】**法華経如来寿量品《にょらいじゅりょうほん》第十六の文《もん》。「我《わ》れは本《もと》と菩薩の道《どう》を行《ぎょう》じて」（法華経四八二ページ）と読む。釈尊《しゃくそん》が久遠《くおん》の昔《むかし》に常住不滅《じょうじゅうふめつ》の仏《ほとけ》の生命を成就《じょうじゅ》するために修行《しゅぎょう》したことを示《しめ》す文。

〈注15〉**【本果《ほんが》】**本地《ほんち》の仏果《ぶつか》のこと。法華経如来寿量品《にょらいじゅりょうほん》第十六で示《しめ》された釈尊《しゃくそん》の久遠実成《くおんじつじょう》の境地《きょうち》。ただし経文上《きょうもんじょう》では、ともすると色相荘厳《しきそうそうごん》の姿《すがた》にとらわれる面がある。

〈注16〉**【本因《ほんいん》】**久遠《くおん》における釈尊《しゃくそん》の成仏《じょうぶつ》の因となる修行《しゅぎょう》。仏道《ぶつどう》を成就《じょうじゅ》する根本《こんぽん》の因行《いんぎょう》。

〈注17〉「『宗教的精神《せいしん》』とは、虚無《きょむ》から未来《みらい》を、絶望《ぜつぼう》から希望《きぼう》を創造《そうぞう》する精神の力《ちから》です。冷笑主義者《れいしょうしゅぎしゃ》には、価値《かち》を紡《つむ》ぎ出す魂《たましい》はない。（中略）むしろ、人間の心を明るくするのは、哲学《てつがく》であり、『宗教的精神』なのではないでしょうか」（マジッド・テヘラニアン対談『二十一世紀への選択』潮出版社）、「総じて『宗教的なもの』とは、善《よ》きもの、価値あるものを希求《ききゅう》しゆく人間の能動的《のうどうてき》な生き方を鼓舞《こぶ》し、いわば、あと押《お》しするような力用《りきゆう》といえましょう。まことに『〝宗教的なもの〟は、自《みずか》ら助《たす》くる者を助く』るのであります」（「二十一世紀文明と大乗仏教」ハーバード大学講演、一九九三年）など。

〈注18〉**【貪《とん》・瞋《じん》・癡《ち》】**最《もっと》も基本的《きほんてき》な煩悩《ぼんのう》で、貪《むさぼ》りと瞋《いか》りと癡《おろ》かさのこと。三毒《さんどく》と呼《よ》ばれる。

〈注19〉**【倶舎宗《くしゃしゅう》・成実宗《じょうじつ》・律宗《りつ》・法相宗《ほっそう》・三論宗《さんろん》】**奈良《なら》時代に確立《かくりつ》していた六宗のうち、華厳《けごん》宗を除《のぞ》く五宗。倶舎宗は小乗《しょうじょう》の論書《ろんしょ》である倶舎論に基《もと》づく学派。成実宗は大乗《だいじょう》の論書である成実論に基づく学派。律宗は、小乗の律に基づく学派。法相宗は、大乗の唯識思想《ゆいしきしそう》を重んじる学派。三論宗は、大乗の中論《ちゅうろん》・十二問論・百論に基づく学派。法華経に基づく天台宗《てんだい》の教説《きょうせつ》が伝教大《でんぎょうだい》師最澄《しさいちょう》によって伝《つた》えられる以前に日本で確立していた学派。

〈注20〉**【華厳宗《けごんしゅう》と真言宗《しんごん》の二宗】**華厳宗は奈良《なら》時代に伝《つた》えられた、華厳経に基《もと》づく学派。華厳宗は中国で天台《てんだい》宗の教義《きょうぎ》を踏《ふ》まえつつ形成《けいせい》された。真言宗は、弘法《こうぼう》（空海《くうかい》）が平安《へいあん》時代初期に日本に伝えた密教《みっきょう》の宗派。最澄《さいちょう》の死後、朝廷《ちょうてい》に取り入って隆盛《りゅうせい》し、法華経、天台宗に対抗《たいこう》・圧迫《あっぱく》した。

〈注21〉「大白蓮華」巻頭言《かんとうげん》「如来《にょらい》の事《じ》を行《ぎょう》せよ」（昭和二十一年七月号）から（『戸田城聖全集』第1巻）。

〈注22〉**【竜樹《りゅうじゅ》や天親《てんじん》】**竜樹とは、ナーガールジュナのこと。一五〇年～二五〇年ごろ。インドの大乗《だいじょう》の論師《ろんし》。『中論《ちゅうろん》』など多くの論を著《あらわ》し、大乗仏教を宣揚《せんよう》し、中国、日本の仏教にも多大《ただい》の影響《えいきょう》を与《あた》えた。『大智度論《だいちどろん》』の作者とされる。天親とは、ヴァスバンドゥのこと。四世紀～五世紀。北インドのプルシャプラ（現在のパキスタンのペシャワール）出身の論師。新訳で「世親《せしん》」、旧訳で「天親」という。はじめは小乗《しょうじょう》を学《まな》び『倶舎論《くしゃろん》』等を著したが、兄の無著《むじゃく》（アサンガ）によって大乗に帰依《きえ》し、唯識思想《ゆいしきしそう》を発展《はってん》させたほか、『法華論』等を著し、大乗を宣揚した。

〈注23〉**【内鑑冷然《ないかんれいねん》】**内心《ないしん》に明《あき》らかに悟《さと》っていること。『摩訶止観《まかしかん》』巻五上に「天親《てんじん》、竜樹《りゅうじゅ》は内鑑冷然たり、外は時の宜《よろ》しきに適《かな》い」とある。

第4回 本因本果《ほんいんほんが》——信心で開《ひら》く永遠の仏界・無限の菩薩行《ぼさつぎょう》

御文

華厳《けごん》・乃至《ないし》般若《はんにゃ》・大日経《だいにちきょう》等は二乗作仏《にじょうさぶつ》を隠《かく》すのみならず久遠実成《くおんじつじょう》を説《と》きかくさせ給《たま》へり、此等《これら》の経経《きょうぎょう》に二つの失《とが》あり、一には行布《ぎょうふ》を存《ぞん》するが故《ゆえ》に仍《な》お未《いま》だ権《ごん》を開《かい》せずとて迹門《しゃくもん》の一念三千《いちねんさんぜん》をかくせり、二には始成《しじょう》を言うが故に尚《なお》未だ迹を発《はっ》せずとて本門《ほんもん》の久遠《くおん》をかくせり、此等の二つの大法《だいほう》は一代《いちだい》の綱骨《こうこつ》・一切経《いっさいきょう》の心髄《しんずい》なり、迹門方便品《ほうべんぽん》は一念三千・二乗作仏を説いて爾前《にぜん》二種の失・一つを脱《まぬか》れたり、しかりと・いえども・いまだ発迹顕本《ほっしゃくけんぽん》せざれば・まこと《実》の一念三千もあらはれず二乗作仏も定《さだ》まらず、水中《すいちゅう》の月を見るがごとし・根《ね》なし草《ぐさ》の波《なみ》の上に浮《うか》べるにに《似》たり、本門《ほんもん》にいたりて始成正覚《しじょうしょうかく》をやぶれば四教《しきょう》の果《か》をやぶる、四教の果をやぶれば四教の因《いん》やぶれぬ、爾前迹門《にぜんしゃくもん》の十界《じっかい》の因果《いんが》を打《う》ちやぶつて本門の十界の因果をとき顕《あらわ》す、此即《これすなわ》ち本因本果《ほんいんほんが》の法門《ほうもん》なり、九《きゅう》界《かい》も無始《むし》の仏界《ぶっかい》に具《ぐ》し仏界も無始の九界に備《そなわ》りて・真《しん》の十界互具《ごぐ》・百界千如《ひゃっかいせんにょ》・一念三《いちねんさん》千《ぜん》なるべし（全一九七㌻・新六六六㌻）

通解

華厳経《けごんきょう》をはじめ般若《はんにゃ》経、大日《だいにち》経などの諸経《しょきょう》は、二乗作仏《にじょうさぶつ》を隠《かく》すだけでなく、久遠実成《くおんじつじょう》をも隠して説《と》かなかった。これら爾前の諸経典《きょうてん》には二つの欠点《けってん》がある。一つには「差別観《さべつかん》を残《のこ》す故《ゆえ》に、まだ方便《ほうべん》の教《おし》えにとどまっている」といわれるように、迹門の一念三千を隠している。二つには、「始成正覚の仏《ほとけ》を説くので、まだ仏の仮《かり》の姿《すがた》を取り払《はら》っていない」といわれるように、本門の久遠実成を隠している。この二つの偉大《いだい》な法門は、釈尊一代《しゃくそんいちだい》の大綱《たいこう》・骨格《こっかく》であり、全経典の真髄《しんずい》である。

迹門方便品《しゃくもんほうべんぼん》は一念三千《いちねんさんぜん》・二乗作仏《にじょうさぶつ》を説《と》いて、爾前経《にぜんきょう》の二種の欠点《けってん》のうちの一つを免《まぬか》れた。しかしながら、迹門ではまだ仏《ほとけ》が発迹顕本《ほっしゃくけんぽん》していないので、真《しん》の一念三千もあらわれず、二乗作仏も定《さだ》まらない。水に映《うつ》った月を見ているようなものであり、根《ね》なし草《ぐさ》が波《なみ》の上に浮《う》かんでいるのに似《に》ている。

本門《ほんもん》に至《いた》って、始成正覚《しじょうしょうかく》を破《やぶ》ったので、爾前・迹門における蔵《ぞう》・通《つう》・別《べつ》・円《えん》の四教《しきょう》に説かれたすべての仏果《ぶっか》が破られた。四教のすべての仏果が破られたので、四教のすべての仏因《ぶついん》も破られたことになる。爾前・迹門に説かれた十界《じっかい》の因果《いんが》を打ち破って、本門の十界の因果を説きあらわしたのである。これこそがまさしく本因本果《ほんいんほんが》の法門《ほうもん》である。九界《きゅうかい》も無始無終《むしむしゅう》の仏界《ぶっかい》に具《そな》わり、仏界も無始無終の九界にそなわって、真の十界互具《ごぐ》、百界千如《ひゃっかいせんにょ》、一念三千なのである。

講　義

この御文《ごもん》では、法華経本門寿量品《ほんもんじゅりょうほん》第十六に説かれる成仏《じょうぶつ》の法である「本因本果の法門」

について明《あき》らかにされています。

「本因本果《ほんいんほんが》」とは、法華経寿量品《じゅりょうほん》で説《と》かれる「久遠《くおん》の昔《むかし》における成仏《じょうぶつ》の因果《いんが》」のことです。寿量品では、釈尊《しゃくそん》の真《しん》の成仏は五百塵点劫《ごひゃくじんてんこう》という計《はか》り知れない久遠の過去《かこ》のことであると説かれます。この久遠の成仏を「久遠実成《じつじょう》」といい、この時の成仏の原因《げんいん》を「本因」、成仏の結果《けっか》を「本果」といいます。

この本因本果による成仏は、寿量品の文《もん》の上では釈尊のこととして説かれています。しかし、文底《もんてい》の立場から見れば、釈尊の成仏だけに限《かぎ》られるわけではありません。本因本果は、釈尊の久遠の成仏であるとともに、最《もっと》も根本的《こんぽんてき》で普遍的《ふへんてき》な成仏の因果を示《しめ》しているのです。したがって、万人《ばんにん》の成仏の因果でもあるのです。

爾前《にぜん》二種の失《とが》

御文《ごもん》では最初に妙楽大師《みょうらくだいし》〈**注1**〉の言葉を引《ひ》かれながら、爾前経における法理上《ほうりじょう》の二種の欠点《けってん》を挙《あ》げられています。

その第一は、法華経迹門《しゃくもん》で説《と》かれる一念三千《いちねんさんぜん》を爾前経《にぜんきょう》では隠《かく》しているという欠点《けってん》です。

ここで言われている「行布《ぎょうふ》〈注2〉を存《そん》する」とは、仏道修行《ぶつどうしゅぎょう》に段階《だんかい》・差《さ》別《べつ》を設《もう》ける考え方が爾前諸経《しょきょう》にあるということです。この考え方の前提《ぜんてい》には、衆生の十界《じっかい》の違《ちが》いを固定《こてい》化《か》する差別観があります。

特に、九界《きゅうかい》と仏界《ぶつかい》の間に超《こ》えがたい隔《へだ》たりがあるとの差別観から、九界の衆生が成仏《じょうぶつ》するためには歴劫修行《りゃっこう》〈注3〉が必要《ひつよう》であるとか、二乗《にじょう》〈注4〉は絶対《ぜったい》に成仏できないなどと強調《きょうちょう》されるのです。

このように十界の差別を固定化する方便《ほうべん》〈注5〉の教《おし》えが説かれて、真実《しんじつ》の教えが未《いま》だ明《あ》かされていないことが「権《ごん》を開《かい》せず」〈注6〉ということです。

法華経迹門では、この差別観を打《う》ち破《やぶ》ります。すなわち二乗作仏《さぶつ》を強調し、諸法実相《しょほうじっそう》〈注7〉を説いて、「九界の衆生に仏界が具《そな》わる」「あらゆる衆生に成仏の可能性《かのうせい》がある」という「迹門の一念三千」が明確《めいかく》にされます。

「爾前二種の失《とが》」の第二は、法華経本門《ほんもん》に説かれる「久遠実成《くおんじつじょう》」を爾前諸経は隠しているということです。

爾前諸経《にぜんしょきょう》では、釈尊《しゃくそん》が「始成正覚《しじょうしょうかく》」で成仏《じょうぶつ》したと説《と》きます。始成正覚とは、今世《こんぜ》ではじめて正覚（悟《さと》り）を成就《じょうじゅ》したという意味《いみ》です。これは、過去世《かこせ》の長遠《ちょうおん》の歴劫修行《りゃっこうしゅぎょう》を経《へ》て、今世ではじめて成仏したのが釈尊であるということです。つまり始成正覚は、歴劫修行を前提《ぜんてい》とした成仏観なのです。

したがって、この成仏観は、九界《きゅうかい》と仏界《ぶっかい》は隔絶《かくぜつ》しているという考え方のうえに成《な》り立っていると言えます。

法華経迹門《しゃくもん》では、衆生《しゅじょう》について成仏の可能性《かのうせい》があることが明《あ》かされて「爾前二種の失《とが》」のうちの一つは免《まぬか》れたとはいえ、仏《ほとけ》についてはまだ始成正覚の成仏観がそのまま残《のこ》っているのです。

久遠実成《くおんじつじょう》を説《と》かないという失を残している迹門の一念三千《いちねんさんぜん》について、大聖人は「いまだ発迹顕本《ほっしゃくけんぽん》せざれば・まこと《実》の一念三千もあらはれず二乗作仏《にじょうさぶつ》も定《さだ》まらず」（全一九七㌻・新六六㌻）と仰《おお》せです。

発迹顕本とは、寿量品《じゅりょうほん》で仏の仮《かり》の姿《すがた》（迹）である始成正覚を打《う》ち破《やぶ》って、仏の真実《しんじつ》の姿（本）である久遠実成を顕《あらわ》したことです。

仏《ほとけ》の真実《しんじつ》の姿《すがた》を明《あ》かさずに、いくら二乗作仏《にじようさぶつ》を説《と》き、九界《きゆうかい》の衆生《しゆじよう》に仏界《ぶつかい》が具《ぐ》するという迹門《しやくもん》の一念三千《いちねんさんぜん》を説いても、それは真実の一念三千とは言えず、二乗作仏も確定《かくてい》しないと仰《おお》せです。そして、迹門の一念三千に根拠《こんきよ》がなくて不確《ふたし》かであることを、「水中《すいちゆう》の月」「根《ね》なし草《ぐさ》」に譬《たと》えられています。

発迹顕本《ほつしやくけんぽん》と本因本果《ほんいんほんが》

次に、〝寿量品《じゆりようほん》の発迹顕本がなければ真実の一念三千が明《あき》らかにならない〟と仰せの点について考察《こうさつ》したい。

寿量品で久遠実成《くおんじつじよう》を説いたことの意味《いみ》は、始成正覚《しじようしようかく》の迹を打《う》ち破《やぶ》ったことと、本因本果を顕《あらわ》したことにあります。

大聖人は、〝始成正覚を打ち破ることによって、爾前《にぜん》迹門の四教《しきよう》〈注8〉にさまざまに説かれる成仏《じようぶつ》の果《か》がすべて打ち破られた〟と仰せです。また、〝成仏の果が破られたということは、四教で説かれるすべての成仏の因もことごとく破られた〟と言われています。

こうして、「爾前迹門《にぜんしゃくもん》の十界《じっかい》の因果《いんが》」をことごとく打《う》ち破《やぶ》るのが、発迹顕本《ほっしゃくけんぽん》の一つの意《い》義《ぎ》です。「十界の因果」とは、九界《きゅうかい》を因とし、仏界《ぶっかい》を果《か》とする成仏《じょうぶつ》の因果のことです。

そして寿量品《じゅりょうほん》では「本門《ほんもん》の十界の因果」である「本因本果《ほんいんほんが》」が明《あ》かされます。つまり、真実《しんじつ》の成仏の因果が説《と》かれます。これが発迹顕本のもう一つの意義です。

ここで、まず寿量品の文上《もんじょう》で本因本果がどのように説かれるかを述《の》べておきたい。

寿量品では、「我《わ》れは実《じつ》に成仏してより已来《このかた》、無量無辺百千万億那由他劫《むりょうむへんまんおくなゆたこう》なり」（法華経四七八ジペー）と説かれ、釈尊《しゃくそん》の真実の成仏は計《はか》り知れない久遠《くおん》の昔《むかし》のことであったと明かされます。さらに、「我れは成仏してより已来、甚《はなは》だ大いに久遠なり。寿命《じゅみょう》は無量阿僧祇劫《むりょうあそうぎこう》にして、常住《じょうじゅう》にして滅《めっ》せず」（法華経四八二ジペー）とも説かれ、久遠実成《じつじょう》の仏《ほとけ》は常住不滅《ふめつ》であることが明かされる。この常住不滅の仏界の生命が、久遠における成仏の果、すなわち本果です。

次に本因については、「我れは本《も》と菩薩《ぼさつ》の道《どう》を行《ぎょう》じて、成《じょう》ぜし所《ところ》の寿命は、今猶《な》お未《いま》だ尽《つ》きず、復《ま》た上《かみ》の数《かず》に倍《ばい》せり」（同）と説かれます。

すなわち、本果の仏界の生命だけでなく、成仏の本因となった菩薩行を行ずる九界の生命も、成仏《じようぶつ》してからの五百塵点劫《ごひやくじんてんこう》の間、尽《つ》きることがなかったとされ、さらに、これから五百塵点劫の二倍の間も尽きることがないであろう、と述《の》べられています。本果《ほんが》である仏界《ぶつかい》の生命が常住不滅《じようじゆうふめつ》であるとともに、本因《ほんいん》である菩薩行《ぼさつぎよう》を行ずる生命も尽きることがないのです。このように、九界《きゆうかい》の生命を断《だん》じて、仏界の生命を成就《じようじゆ》するという爾前諸経《にぜんしよきよう》の成仏観とは大きく異《こと》なるのが、本門《ほんもん》の因果《いんが》、本因本果です。

事実、寿量品《じゆりようほん》では、久遠実成《くおんじつじよう》の仏《ほとけ》は成仏してからも、九界の現実世界で衆生《しゆじよう》を救《すく》い続けるという菩薩行を絶《た》やすことはないと説《と》かれています。

ここに、寿量品の発迹顕本《ほつしやくけんぽん》によって真実《しんじつ》の仏の姿《すがた》が明《あき》らかになるのです。いうなれば、それは、「無限《むげん》の菩薩行を現《あらわ》す永遠《えいえん》の仏」です。

九界の現実のなかで無限の菩薩行を行ずる生命は、九界の生命です。しかし同時に、永遠の仏界の生命が、その無限の菩薩行を現す根源《こんげん》のエネルギーになっているのです。

今世《こんぜ》で初めて成仏したとされる始成正覚《しじようしようかく》の仏は、入滅《にゆうめつ》すると別世界の浄土《じようど》に入るなどとされ、現実世界で菩薩行を続けることはありません。それに対して、久遠実成の仏は、現実世界がそのまま浄土であり、寂光土《じやつこうど》なのです。

そして、このような寿量品《じゅりょうほん》の仏《ほとけ》にとって、九界《きゅうかい》の現実は、永遠《えいえん》の仏界《ぶっかい》の活力《かつりょく》を自身の生命から現《あらわ》していくための機縁《きえん》であり、仏界の智慧《ちえ》と慈悲《じひ》を発揮《はっき》するための舞台《ぶたい》にほかなりません。また、九界の現実に苦《くる》しむ衆生《しゅじょう》は、いたわり救《すく》っていくべきわが子であり、仏界の自由を分《わ》かち持っていくべきわが友なのです。

仏界という真《しん》の自由を得《え》た仏は、仏界の力《ちから》で心身《しんしん》をコントロールし、魔性《ましょう》に打《う》ち勝ちゆく真実《しんじつ》の「勝利者《しょうりしゃ》」「主体者《しゅたいしゃ》」として一人《ひとり》立ちます。ともに、その仏は、他の衆生の生命にも現実世界の根底《こんてい》にも仏界の力が潜在《せんざい》することを認《みと》める。そして、それを顕在化《けんざいか》させていくために、世界と衆生に常に語《かた》りかけ、「勇気《ゆうき》ある行動」「自在《じざい》の智慧」「大誠実《だいせいじつ》の対話」を貫《つらぬ》くのです。

このように、始成正覚《しじょうしょうかく》を破《やぶ》り、久遠実成《くおんじつじょう》の本因本果《ほんいんほんが》を明《あ》かす寿量品の発迹顕本《ほっしゃくけんぽん》は、それまでの仏陀《ぶつだ》観《かん》・成仏観《じょうぶつかん》を大きく転換《てんかん》するものでした。

ただ、寿量品の文上《もんじょう》では、久遠実成の仏の「本果」が中心的に説《と》かれており、本因は先に挙《あ》げた「我《わ》れは本《も》と菩薩《ぼさつ》の道《どう》を行《ぎょう》じて」（法華経四八二㌻）の経文《きょうもん》にとどまっています。

無始《むし》の仏界《ぶっかい》と無始の九界《きゅうかい》

久遠実成《くおんじつじょう》の仏《ほとけ》の本因本果《ほんいんほんが》を説《と》く寿量品《じゅりょうほん》の文底《もんてい》に、凡夫成仏《ぼんぷじょうぶつ》の要法《ようほう》が秘沈《ひちん》されていることを洞察《どうさつ》されたのが、大聖人であられる。

大聖人は、本因本果について次のように仰《おお》せです。

「九界も無始の仏界に具《ぐ》し仏界も無始の九界に備《そなわ》りて・真《しん》の十界互具《じっかいごぐ》・百界千如《ひゃっかいせんにょ》・一念《いちねん》三千《さんぜん》なるべし」（全一九七㌻・新六六㌻）

「無始の仏界」とは、文上《もんじょう》では、久遠実成の仏が成就《じょうじゅ》した常住不滅《じょうじゅうふめつ》の仏界の生命です。

先に述《の》べたとおり、常住不滅の仏界の生命を成就した久遠実成の仏には九界の生命も具《そな》わっているのです。ゆえに「九界も無始の仏界に具し」と仰せなのです。

仏界の生命を成就していながら、九界の現実世界で衆生救済《しゅじょうきゅうさい》のために戦《たたか》い抜《ぬ》いていく久遠実成の仏においては、苦悩《くのう》や悲《かな》しみなどの九界の生命も衆生救済のために働《はたら》いているのです。

普通《ふつう》、苦悩《くのう》や悲《かな》しみは、その人の生命を閉《と》ざし、萎縮《いしゅく》させていくものです。それに対して、無始《むし》の仏界《ぶっかい》に具《そな》わる九界《きゅうかい》の生命としての苦悩や悲しみは、衆生《しゅじょう》を救《すく》うための同苦《どうく》であり、大悲《だいひ》です。それは、仏界の活力《かつりょく》がたゆみなく働《はたら》き、生命が広々《ひろびろ》と開《ひら》かれているゆえに起《お》こる積極的《せっきょくてき》な感情《かんじょう》です。

次に「仏界も無始の九界に備《そなわ》りて」と仰《おお》せです。

まず文上《もんじょう》に即《そく》して考察《こうさつ》を進めると、天台大師《てんだいだいし》の『法華文句《ほっけもんぐ》』巻九下には「初住《しょじゅう》に登《のぼ》る時、已《すで》に常寿《じょうじゅ》を得《え》」とあります。久遠《くおん》の菩薩行《ぼさつぎょう》において、不退転《ふたいてん》の位《くらい》である初住位〈注9〉に登った時に、すでに常住《じょうじゅう》の菩薩界の生命を得《え》たというのです。

すべての菩薩は最初に衆生無辺誓願度《しゅじょうむへんせいがんど》（あらゆる衆生をすべて救《すく》いたいとの誓《ちか》い）をはじめとする四つの広大《こうだい》な誓願（四弘《しぐ》誓願〈注10〉）を立てます。その菩薩の生き方が間違《まちが》いないと確信《かくしん》し、永遠《えいえん》に菩薩の実践《じっせん》から退《しりぞ》かないと不退転の誓いを新《あら》たに固《かた》めたことが、常住の菩薩界を得たということではないでしょうか。釈尊《しゃくそん》はこの確《かく》たる誓いがあるゆえに、成仏《じょうぶつ》してからも無限《むげん》の菩薩行を続けていくのです。

この『文句《もんぐ》』の文《もん》を受けて日寛上人《にちかんしょうにん》は『三重秘伝抄《さんじゅうひでんしょう》』で、「既《すで》に是《こ》れ本因常住《ほんいんじょうじゅう》なり、故《ゆえ》に無始《むし》の九界《きゅうかい》と云《い》う」と述《の》べています。生命の「無限《むげん》の菩薩行《ぼさつぎょう》」を続ける側面《そくめん》を、大聖人は「無始の九界」と呼《よ》ばれたということです。

九界と仏界《ぶっかい》は、「無常《むじょう》」と「永遠常住《えいえん》」の違《ちが》いがあるとされ、この隔《へだ》たりを超《こ》える道として、爾前経《にぜんきょう》では何回も生まれ変《か》わって修行《しゅぎょう》し成仏《じょうぶつ》に近づいていくという歴劫《りゃっこう》修行を立てたのです。しかし、これでは、結局《けつきょく》、九界を捨《す》てて仏界に至《いた》るという厭離《おんり》断九《だんく》〈注11〉の成仏観しか示《しめ》せません。

これに対して、法華経本門《ほんもん》では、永遠の仏界の生命とその具体的実践《ぐたいてきじっせん》である永遠の菩薩《ぼさつ》道《どう》を説《と》いて「仏界即《そく》九界」「九界即仏界」を明《あ》かした。そして、釈尊《しゃくそん》の本因本果《ほんいんほんが》を通して一人《ひとり》の生命に十界《じっかい》が常住することを示し、それ以前の因果《いんが》をすべて打《う》ち破《やぶ》ったのです。

法華経本門で本因・本果が明かされて、仏界と九界がともに生命に本有《ほんぬ》であり常住であることが示されたので、名実《めいじつ》ともに生命に十界が具足《ぐそく》することになります。それゆえ、大聖人は〝本門で本因本果が説かれて「真《しん》の十界互具《ごぐ》・百界千如《ひゃつかいせんにょ》・一念三千《いちねんさんぜん》」となった〟と仰《おお》せなのです。

しかし、これはあくまで文上《もんじょう》に即《そく》しての説明《せつめい》です。深《ふか》く洞察《どうさつ》すれば、釈尊一人《しゃくそんひとり》にとどまらず、すべての生命は本来的《ほんらいてき》に「永遠《えいえん》の仏界《ぶっかい》」を現《あらわ》し「無限《むげん》の菩薩行《ぼさつぎょう》」を続けることを求《もと》める存在《そんざい》であるといえます。自他《じた》ともの幸福を本来、願《ねが》い求めるのが生命なのです。

本因本果《ほんいんほんが》についての大聖人の仰《おお》せには、あらゆる凡夫《ぼんぷ》の本因本果を明《あ》かすという文底《もんてい》の意《い》が拝《はい》せます。

日寛上人《にちかんしょうにん》は『三重秘伝抄《さんじゅうひでんしょう》』で、文底の義《ぎ》として、「本因初住《しょじゅう》の文底」に「久遠名字《くおんみょうじ》の妙法〈注12〉、事《じ》の一念三千《いちねんさんぜん》〈注13〉」が秘沈《ひちん》されていると示《しめ》されています。

「初住」とは、仏《ほとけ》と成《な》って万人《ばんにん》の救済《きゅうさい》を実現しようと自身の生き方の根本《こんぽん》目的が定《さだ》まった境地《きょうち》であり、どのような困難《こんなん》があろうとも永遠に菩薩道《ぼさつどう》を前進《ぜんしん》し続け、決《けっ》して退《しりぞ》かないと心が決まった境地です。釈尊が久遠において、永遠の菩薩道を実践《じっせん》し続けることを真《しん》に決意《けつい》したときが、釈尊の久遠実成《じつじょう》の「本因」です。しかし、その初住位に登《のぼ》った修行《しゅぎょう》の原《げん》動力《どうりょく》として、成仏《じょうぶつ》の根源《こんげん》の法である「久遠名字の妙法、事の一念三千」があると言われているのです。

「名字《みようじ》」とは「名字即《そく》」のことで、妙法を初めて聞いて信ずる凡夫《ぼんぷ》の位《くらい》です。「久遠《くおん》名字の妙法」とは、凡夫が実践《じつせん》し成仏《じようぶつ》を実現する根源《こんげん》の法です。その法とは南無妙法蓮華経であると、直《ただ》ちに説《と》き示《しめ》されたのが大聖人であられるのです。

寿量品文上《じゆりようほんもんじよう》では、釈尊《しやくそん》が成就《じようじゆ》した仏界《ぶつかい》の本果《ほんが》を表《おもて》に立てて本因《ほんいん》本果を示したといえます。これに対して、文底《もんてい》の仏法では、本因の菩薩行《ぼさつぎよう》を行ずる菩薩を表に立てて、本因本果を論《ろん》ずるのです。これは、九界《きゆうかい》の凡夫に即して成仏の真《しん》の因果《いんが》である本因本果を明《あき》らかにしていくことを意味《いみ》します。これが、大聖人の仏法における文底の本因本果です。すなわち、凡夫が初めて妙法を聞いて信受《しんじゆ》し、果《は》てしない菩薩道《ぼさつどう》の実践を決意するのが本因である。そして、その凡夫の生命に永遠《えいえん》の仏界の生命を涌現《ゆげん》することをもって、本果とするのです。

では、この大聖人の仏法において、「無始《むし》の九界」とは、どのようなことでしょうか。それは、九界の衆生《しゆじよう》が、その生命を支配《しはい》していた無明《むみよう》を打《う》ち破《やぶ》った時の生命だと拝《はい》せられます。その生命から仏界の働《はたら》きが起《お》こるので、「仏界も無始の九界に備《そなわ》りて」と仰《おお》せられているのです。

その無明《むみょう》を破《やぶ》るのが「信《しん》」です。何に対する信かといえば、永遠《えいえん》の妙法への「信」です。万人《ばんにん》が、その「信」を立てることを可能《かのう》にするために大聖人が顕《あらわ》されたのが、御本尊と唱題《しょうだい》です。

大聖人は「義浄房御書《ぎじょうぼうごしょ》」〈注14〉で、寿量品《じゅりょうほん》の「一心欲見仏《いっしんよくけんぶつ》　不自惜身命《ふじしゃくしんみょう》」（法華経四九〇㌻）の文《もん》によって御自身《ごじしん》の仏界《ぶっかい》を成就《じょうじゅ》されたと仰《おお》せです（全八九二㌻・新一一九七㌻）。

そして不自惜身命の信心とは妙法蓮華経への信であることを示《しめ》されたうえで、「一心欲見仏」を「一心に仏《ほとけ》を見る」「心を一《いつ》にして仏を見る」そして「一心を見れば仏なり」と三回、転読《てんどく》されて、御自身の仏界《ぶっかい》成就を説明《せつめい》されています。

最初の二つは因《いん》で、信心の一心を表《あらわ》し、三つ目の「一心を見れば仏なり」は果《か》で、仏界成就の一心を表していると拝《はい》することができる。

信心の一心に本因本果《ほんいんほんが》が成就するのです。

以上のように「無始《むし》の仏界」「無始の九界《きゅうかい》」が明《あ》かされてこそ、無常《むじょう》の九界と永遠の仏界との断絶《だんぜつ》を乗《の》り越《こ》え、両者《りょうしゃ》が一致《いっち》できるのです。そこに、本当の意味《いみ》で十界互具《じっかいごぐ》が成《な》り立つのです。十界互具が成り立てば、一念三千《いちねんさんぜん》も成り立ちます。ゆえに「真《しん》の十界互具・百界千如《ひゃっかいせんにょ》・一念三千」と言われているのです。

注

〈注1〉【妙楽大師《みょうらくだいし》】唐代《とうだい》の人で、中国天台宗《てんだいしゅう》の中興《ちゅうこう》の祖《そ》。

〈注2〉【行布《ぎょうふ》】もとは、菩薩《ぼさつ》の位《くらい》を五十二位に分《わ》けて行列布置《ぎょうれつふち》し、階位《かいい》の浅深《せんじん》・次第《しだい》を立て、順々《じゅんじゅん》に進んでついに仏果《ぶっか》に至《いた》ることをいう。転《てん》じて爾前経《にぜんきょう》において二乗不作仏《にじょうふさぶつ》や女人不成仏《にょにんふじょうぶつ》など、得道《とくどう》に際《さい》して衆生《しゅじょう》を差《さ》別《べつ》していることを示《しめ》すのに用《もち》いられる。

〈注3〉【歴劫修行《りゃっこうしゅぎょう》】成仏《じょうぶつ》のために幾度《いくど》もの生《せい》にわたり無数《むすう》の劫《こう》を歴《へ》て修行すること。

〈注4〉【二乗《にじょう》】十界《じっかい》のうち、仏道修行《ぶつどうしゅぎょう》を実践《じっせん》する者の中の声聞《しょうもん》・縁覚《えんかく》の二種の境涯《きょうがい》の者。声聞とは、仏《ほとけ》の教《おし》えを聞いて学んで修行に励《はげ》むもの、縁覚とは、自《みずか》らの智慧《ちえ》で部分的な悟《さと》りを得るものをいう。

〈注5〉【方便《ほうべん》】仏《ほとけ》が衆生《しゅじょう》を教化《きょうけ》するうえで、真実《しんじつ》に導《みちび》くために設《もう》ける巧《たく》みな手段《しゅだん》、教《おし》えのこと。爾《に》前経《ぜんきょう》では、十界《じっかい》の境涯《きょうがい》の差別《さべつ》を強調《きょうちょう》し、二乗《にじょう》や菩薩《ぼさつ》の覚《さと》りを得《え》ることを修行《しゅぎょう》の目的とする方便の教えを説《と》いている。

〈注6〉【「権《ごん》を開《かい》せず」】権とは、衆生《しゅじょう》を導《みちび》くために方便《ほうべん》として説《と》かれた仮《かり》の教《おし》え。爾前経《にぜんきょう》は、声聞《しょうもん》・縁覚《えんかく》・菩薩《ぼさつ》それぞれのために説かれた仮の教えであるが、万人成仏《ばんにんじょうぶつ》の一乗《いちじょう》の法を説いていない。

〈注7〉【諸法実相《しょほうじっそう》】すべての存在《そんざい》・現象《げんしょう》の真実《しんじつ》ありのままの姿《すがた》のこと。法華経方便品《ほうべんぽん》では、あらゆる衆生《しゅじょう》に成仏《じょうぶつ》の可能性《かのうせい》が本来的《ほんらいてき》に具《そな》わっており、それを開《ひら》き顕《あらわ》せるという真実を明《あ》かした。

〈注8〉【爾前迹門《にぜんしゃくもん》の四教《しきょう》】法華経以前に説《と》かれた諸経《しょきょう》および法華経迹門に説かれる四種の教《おし》え。天《てん》台大師《だいだいし》は、釈尊《しゃくそん》の説法《せっぽう》を蔵教《ぞうきょう》・通教《つうきょう》・別教《べっきょう》・円教《えんきょう》の四種に分類《ぶんるい》した。

〈注9〉【初住位《しょじゅうい》】菩薩《ぼさつ》の修行《しゅぎょう》の位《くらい》である五十二位のなかの十住《じゅうじゅう》の初め、発心住《ほっしんじゅう》のことで、見惑《けんわく》（思《し》想《そう》・見識《けんしき》の迷《まよ》い）を断《だん》ずる位。円教《えんきょう》の菩薩は初住で一分《いちぶん》の中道《ちゅうどう》の理《り》を証得《しょうとく》して正念《しょうねん》に安住《あんじゅう》するので、初住位以上を菩薩道《ぼさつどう》から退転《たいてん》しない不退位《ふたいい》とする。

〈注10〉【四弘誓願《しぐせいがん》】菩薩《ぼさつ》が初めて発心《ほっしん》した時に起《お》こす四種の誓願。①衆生無辺誓願度《しゅじょうむへんせいがんど》とは、一切衆生をすべて悟《さと》りの彼岸《ひがん》に渡《わた》すと誓《ちか》うこと。②煩悩無量誓願断《ぼんのうむりょうせいがんだん》とは、一切の煩悩を断《た》つと誓うこと。③法門無尽誓願知《ほうもんむじんせいがんち》とは、仏《ほとけ》の教《おし》えをすべて学《まな》び知ると誓うこと。④仏道無上誓願成《ぶつどうむじょうせいがんじょう》とは、仏道において無上の悟りを成就《じょうじゅ》すると誓うこと。

〈注11〉【厭離断九《おんりだんく》】九界《きゅうかい》を迷《まよ》いの境地《きょうち》として厭《いと》い、九界を離《はな》れ、断《た》ち切ってこそ、成仏《じょうぶつ》できるという考え。

〈注12〉**【久遠名字《くおんみようじ》の妙法】** 久遠元初自受用身《くおんがんじよじじゆゆうしん》が本因《ほんいん》の名字即《そく》の凡夫《ぼんぷ》の位《くらい》にあって受持《じゆじ》・証得《しようとく》した根源《こんげん》の妙法。これを信受《しんじゆ》することによって、末法《まつぽう》の凡夫も成仏《じようぶつ》できる。

〈注13〉**【事《じ》の一念三千《いちねんさんぜん》】** 成仏《じようぶつ》の根本法《こんぽんほう》である一念三千に理《り》と事があり、法華経迹門《しやくもん》では万人《ばんにん》成仏が説《と》かれて理の一念三千が明《あ》かされ、本門《ほんもん》では久遠実成《くおんじつじよう》が説かれて事の一念三千が明かされたが、この法華経の事・理の一念三千は末法《まつぽう》においてはいずれも理に止《とど》まり、日蓮大聖人が説き示《しめ》された三大秘法《さんだいひほう》の南無妙法蓮華経が事の一念三千に当《あ》たる。

〈注14〉**【「義浄房御書《ぎじようぼうごしよ》」】** 文永《ぶんえい》十年（一二七三年）五月二十八日、佐渡《さど》の一谷《いちのさわ》で認《したた》められ、安房国《あわのくに》（千葉県南部）の清澄寺《せいちようじ》の義浄房に与《あた》えられた御手紙。大聖人の御内証《ごないしよう》の法門《ほうもん》が法華経如来寿量品《によらいじゆりようほん》第十六の「一心欲見仏《いつしんよくけんぶつ》　不自惜身命《ふじしやくしんみよう》」（法華経四九〇㌻）の文を通して説《と》かれている。

第5回　五重《ごじゅう》の相対《そうたい》——生命の因果《いんが》と人生の根本指標《こんぽんしひょう》

講義

「開目抄《かいもくしょう》」の前半では、後に「五重の相対」と呼《よ》ばれる法理《ほうり》が述《の》べられています。今回は、この「五重の相対」の意義《いぎ》について考察《こうさつ》し、本抄前半のまとめとしたい。

「開目抄」で、一切衆生《いっさいしゅじょう》が尊敬《そんけい》すべき主師《しゅし》親三徳《しんさんとく》がテーマとされていることについては既《すで》に考察しました。

大聖人は、儒教《じゅきょう》等の中国における思想《しそう》・宗教（儒家《じゅか》あるいは外典《げてん》と総称《そうしょう》される）、インドの外道《げどう》、そして内道《ないどう》である仏教の三つについて、それぞれ事実上、多くの人々から主師親として尊敬されている存在《そんざい》を挙《あ》げられています。そして、大聖人は、それら主師親への尊敬を通して、人々にいかなることが教《おし》えられ、また、いかなる生き方がもたらされているかを検討《けんとう》されていきます。人々に確《たし》かな生き方をもたらしてこそ、真《しん》の意味《いみ》で優《すぐ》れた主師親《しゅししん》と言えるからです。

こうして「開目抄《かいもくしょう》」では、主師親をテーマにしながら、それぞれの思想《しそう》・宗教が「いかなる法、いかなる生き方を教えるか」を鋭《するど》く問《と》われている。そして、その「法」を問い、「生き方」を問う根本《こんぽん》の視点《してん》が「生命の因果《いんが》」なのです。

因果は思想・宗教の肝要《かんよう》

「五重《ごじゅう》の相対《そうたい》」は、いかなる宗教・思想が現実に人々の苦悩《くのう》を解決《かいけつ》し、ゆるぎない幸福境涯《きょうがい》へと至《いた》らせることができるかについて、「生命の因果」をどのように説《と》いているかという観点《かんてん》から判別《はんべつ》したものであると言えます。

「生命の因果」とは、「幸《こう》・不幸《ふこう》の因果」であり、究極《きゅうきょく》するところは前回に述《の》べた「十界《じっかい》の因果」つまり「成仏《じょうぶつ》の因果」と同じです。

言い換《か》えれば、「その教《おし》えが、どれだけ幸《こう》・不幸《ふこう》の原因《げんいん》と結果《けっか》を根源《こんげん》までたどり、見極《みきわ》めているか」によって、思想《しそう》・宗教の高低《こうてい》・浅深《せんじん》を問《と》うものです。

医者が病気を治《なお》そうとする時には、病気の原因を見極めて治療《ちりょう》に当《あ》たらなければ、かえって病気を悪化《あっか》させることがある。同様《どうよう》に、苦難《くなん》や不幸を解決《かいけつ》するためには、その根本《こんぽん》原因を見極め、解決に当たらなければ不幸を助長《じょちょう》しかねない。

原因と結果を明確《めいかく》にすることこそ、宗教・思想の肝要《かんよう》なのです。

天台大師《てんだいだいし》〈注1〉は、法華経の勝《すぐ》れた点を五つ挙《あ》げて、名《みょう》・体《たい》・宗《しゅう》・用《ゆう》・教《きょう》の五重玄《ごじゅうげん》〈注2〉にまとめました。そのうちの「宗」とは、教えの根本、肝要という意味《いみ》であるが、これについてより具体的《ぐたいてき》にいえば「因果《いんが》」にほかならない、と指摘《してき》しています〈注3〉。

ここで天台大師がいう因果とは、まさに生命の因果であり、「苦悩《くのう》する人間の生命（因）が、内《うち》なる尊極《そんごく》の可能性《かのうせい》を開《ひら》いて苦悩を乗《の》り越《こ》え、何ものにもゆるがない幸福境涯《きょうがい》（果）を確立《かくりつ》する」ということです。

また、究極的《きゅうきょくてき》な悟《さと》りの法である「実相《じっそう》」（五重玄では「体」にあたる）は、それ自体《じたい》としては不可思議《ふかしぎ》で、言語道断《ごんごどうだん》・心行所滅《しんぎょうしょめつ》〈注4〉と言わざるを得《え》ないが、「成仏《じょうぶつ》の因果」と不可《ふか》分《ぶん》の関係にあることを示《しめ》している。

譬《たと》えて言えば、実相《じっそう》は無《む》限定《げんてい》で広大《こうだい》な空間《くうかん》そのもののようなものであり、因果《いんが》は柱《はしら》や梁《はり》のようなものである。柱や梁によって空間が部屋という形《かたち》で現《あらわ》れてくるとともに、逆《ぎゃく》に部屋の空間を形づくらなければ柱や梁とは言えない〈注5〉。

つまり、その教《おし》えが説《と》く「因果」の深《ふか》さは、その教えが前提《ぜんてい》とする「悟《さと》りの法」の深さに関係している。

大聖人が弘《ひろ》められた南無妙法蓮華経は、究極《きゅうきょく》の「妙法」と、それに基《もと》づく因果である「蓮華《れんげ》」から成《な》っており、この一語で究極の成仏《じょうぶつ》の因果の法を表《あらわ》していると拝《はい》することができます。ゆえに、南無妙法蓮華経を一遍《いっぺん》でも唱《とな》えれば、その一念《いちねん》に成仏の因果が成就《じょうじゅ》するのです。

諸宗教・思想《しそう》を見ると、生命の因果の立て方に種々《しゅじゅ》の違《ちが》いがあります。大聖人は本抄で、その浅深《せんじん》を「五重《ごじゅう》の相対《そうたい》」によって示され、究極の成仏の因果を末法《まっぽう》の人々を救《すく》う要法《ようほう》として明《あ》かされていきます。

では、大聖人の仰《おお》せに基づき、五重の相対の内容を述《の》べておきたいと思います。

意志《いし》と行動で運命を切り開く仏教

①内外相対《ないげそうたい》

まず、「内外相対」です。これは内道《ないどう》である仏教と、仏教以外の諸教《しょきょう》との相対です。

仏教では、自身の幸《こう》・不幸《ふこう》を決定する主因《しゅいん》が、自身の内《うち》にあり、自身が自《みずか》らの運命《うんめい》の決《けつ》定権《ていけん》を握《にぎ》る主体者《しゅたいしゃ》であることを明《あ》かしています。それゆえに仏教を内道と言います。

これに対して、仏教以外の諸宗教を検討《けんとう》すると、まず、自身の幸・不幸に関する因果《いんが》の法則《ほうそく》を認《みと》めないものがあります。これにはすべてが偶然《ぐうぜん》だとする偶然論、あるいは自身の努力《どりょく》など関係なく事前《じぜん》に決まっているとする決定論や宿命論《しゅくめいろん》、両者《りょうしゃ》の折衷論《せっちゅうろん》がある。これらは、インドの外道《げどう》の始祖《しそ》とされる三仙《さんせん》〈注6〉の所説《しょせつ》です。同様《どうよう》の議論《ぎろん》は、現代の諸思《し》想《そう》にもうかがえます。

また、現世《げんせ》に限《かぎ》って一定の因果の法則を認めるが、生前《せいぜん》や死後《しご》は不可知《ふかち》であるとして探究《たんきゅう》を放棄《ほうき》するものもあります。その代表が、中国の儒教《じゅきょう》・道教《どうきょう》などの諸思想《しょしそう》です〈注7〉。近代《きんだい》科学に基《もと》づく合理主義《ごうりしゅぎ》もこれに入るでしょう。

生まれながらにして境遇《きょうぐう》の差《さ》があるのはなぜか、また、今世《こんぜ》で善悪《ぜんあく》の行《おこな》いの結果《けっか》が出ない場合があるのはなぜか、といった疑問《ぎもん》について、これでは納得《なっとく》のいく説明《せつめい》ができません。したがって〝なぜ生まれてきたのか〟〝なんのために生きるのか〟など、人間の実存《じつぞん》的《てき》な問《と》いかけには答えきれません。

また、インドのバラモン教〈注8〉・六派哲学《ろっぱてつがく》〈注9〉などは、三世《さんぜ》にわたる生命の因果《いんが》について説《と》きますが、それも決定論・運命論《うんめいろん》などに陥《おちい》っていて、運命を司《つかさど》る神や自然などの外の力《ちから》に翻弄《ほんろう》されるものです。そこには、人間の主体性《しゅたいせい》が著《いちじる》しく制限《せいげん》されています。

要するに、外典《げてん》・外道《げどう》は、因果を説かないか、説いたとしても部分的で偏《かたよ》った因果観にとどまっている——このように結論《けつろん》づけられます。ゆえに、日蓮大聖人は「開目抄《かいもくしょう》」で、インド・中国における諸宗教の祖師《そし》たちについて「因果を弁《わきまえ》ざる事嬰児《ことえいじ》のごとし（＝因果を知らないことは赤ん坊のようなものである）」（全一八八ページ・新五三ページ）と指摘《してき》されているのです。

これに対して仏教（内道《ないどう》）では、自身に起《お》こってくるすべての出来事《できごと》を自己責任《じこせきにん》でとらえます。

いわゆる「自業自得《じごうじとく》」（自《みずか》らの善悪《ぜんあく》の行《おこな》いに対する苦楽《くらく》の結果《けつか》を自らが得《え》る）の思想《しそう》です。

このように、厳《きび》しき因果《いんが》の理法《りほう》を自分の問題として真正面《ましょうめん》から捉《とら》えることができるのは、人間の生命の内《うち》に仏性《ぶっしょう》という偉大《いだい》なる変革《へんかく》の可能性《かのうせい》と力《ちから》が本来的《ほんらいてき》に具《そな》わっているという真実《しんじつ》を知っているからです。幸福になる努力《どりょく》を続けるためには、自分が根源的《こんげんてき》に幸福になりうる存在《そんざい》であることを知らなければなりません。

現在の自身の意志《いし》と行動によって自身の運命《うんめい》を切《き》り拓《ひら》くことができるという主体性《しゅたいせい》と責任《せきにん》に目覚《めざ》めていくのが、仏教、内道《ないどう》なのです。

幸福の因の発現《はつげん》を目指す大乗《だいじょう》

②大小相対《だいしょうそうたい》

次に「大小相対」については、「開目抄《かいもくしょう》」ではほとんど触《ふ》れられていませんが、権実相《ごんじつ》対・権迹相対《ごんしゃくそうたい》〈注10〉を論《ろん》ずるなかで小乗教《しょうじょうきょう》の実践者《じっせんしゃ》である二乗《にじょう》への弾呵《だんか》〈注11〉にも言及《げんきゅう》されているので、意《い》としては大小相対が含《ふく》まれていると拝《はい》することができます。

内道《ないどう》といっても仏教のなかには種々《しゅじゅ》の教《おし》えがあります。そのうち小乗教では、戒《かい》を持《たも》ち瞑想《めいそう》に励《はげ》むなどの修行《しゅぎょう》を重《かさ》ねて、苦悩《くのう》の原因《げんいん》である煩悩《ぼんのう》を断《だん》じて、平安《へいあん》な境地《きょうち》である涅槃《ねはん》を得《え》ることを目指《めざ》します。

しかし、小乗教が目指す幸福は、不幸《ふこう》の原因《げんいん》を取り除《のぞ》くという消極的《しょうきょくてき》なもので、積極的《せっきょくてき》に幸福を開《ひら》こうとするものではない。ましてや、他者《たしゃ》に幸福を広げようとするものではありません。

しかも、不幸の原因が自身の生命に本来的《ほんらいてき》に具《そな》わっている九界《きゅうかい》の煩悩ですから、その煩悩を完全に断滅《だんめつ》しようとすれば、生命そのものをも断滅する以外にありません。これが、いわゆる「灰身滅智《けしんめっち》」〈注12〉です。ここに小乗教の限界《げんかい》があります。

これに対して、大乗教《だいじょうきょう》では、小乗教のように煩悩を排除《はいじょ》するのではなく、煩悩のある生命に悟《さと》りの智慧《ちえ》を開き現《あらわ》して、煩悩を正《ただ》しくコントロールし、清浄《せいじょう》で力強《ちからづよ》い主体的《しゅたいてき》な生命を築《きず》くことを教えています。これが「煩悩即菩提《そくぼだい》」です。

自身の生命における不幸《ふこう》の因《いん》を消滅《しょうめつ》させるに止《とど》まるのではなく、不幸の因を昇華《しょうか》させて幸福の因を発現《はつげん》させることを積極的《せっきょくてき》に目指《めざ》し、さらに他の人々をも救《すく》っていくのが大乗教《だいじょうきょう》です。

万人《ばんにん》に仏界《ぶっかい》が具《そな》わると明かす実教《じっきょう》

③権実相対《ごんじつそうたい》

幸福の因の発現を目指す大乗教にも二種類があります。

「実《じつ》大乗教」の法華経では、あらゆる人々の生命に幸福の根本因《こんぽんいん》である仏界が本来的《ほんらいてき》に具《そな》わっている（一切衆生悉有仏性《いっさいしゅじょうしつうぶっしょう》〈注13〉）と明《あ》かし、それを開《ひら》き顕《あらわ》すことができる（開示悟入《かいじごにゅう》の四仏知見《しぶっちけん》〈注14〉）という生命の真実《しんじつ》を明かしています。

他方、法華経以外の大乗教である「権《ごん》大乗教」では、自身の悟《さと》りのみを追求《ついきゅう》するとして嫌《きら》われていた二乗《にじょう》や、インドの人々から幸福にはなれないと見なされていた悪人《あくにん》、女性などには、仏界《ぶつかい》がもともと具《そな》わっていないと、幸福の因《いん》を制限《せいげん》している。これは真実《しんじつ》の大乗《だいじょう》教《きょう》ではなく、人々の何らかの通念《つうねん》にあわせて説《と》かれた方便《ほうべん》の教《おし》え、すなわち「権教《ごんきょう》」にすぎない。

これに対して、実教《じつきょう》である法華経は、二乗《にじょう》や悪人《あくにん》・女性を含《ふく》めて、あらゆる人々が平等《びょうどう》に成仏《じょうぶつ》できるという仏《ほとけ》の真実の悟《さと》りを説《と》き、その根拠《こんきょ》となる法門《ほうもん》（一念三千《いちねんさんぜん》の法門）を示《しめ》しています。

万人《ばんにん》の幸福こそ、仏の真意《しんい》です。それを可能《かのう》にする法理《ほうり》を説いた法華経にこそ仏の真実の悟りが直《ただ》ちに明《あ》かされているのです。

厭離《おんり》断九《だんく》の欠点を超《こ》えきる本門

④本迹相対《ほんじゃくそうたい》

幸福の因である仏界が万人に具わっているとはいっても、それを現実に開《ひら》き顕《あらわ》せるかどうかが問題です。

三世《さんぜ》の因果《いんが》を考えれば、永遠《えいえん》の生命であるから、無数《むすう》の過去世《かこせ》のなかの行《おこな》い（宿業《しゅくごう》）によって現世《げんせ》の報《むく》いがあることになる。したがって、それを転換《てんかん》するためには、きわめて長期間にわたって、たゆみなく善行《ぜんこう》を行い、生命にその成果《せいか》を積《つ》み重《かさ》ねていかねばならない。いわゆる歴劫修行《りゃっこうしゅぎょう》が必要となるのです。

法華経迹門《しゃくもん》を含《ふく》めてそれまでの経典《きょうてん》では、そのような成仏観《じょうぶつかん》が説《と》かれ、釈尊《しゃくそん》自身の成仏も歴劫修行の成果として今世《こんぜ》ではじめて得《え》られたと説かれた（始成正覚《しじょうしょうかく》）。この成仏観である限《かぎ》り、因である九界《きゅうかい》の生命が無《な》くなって初めて、果《か》である仏界《ぶっかい》の生命が現《あらわ》れるという「厭離断九《おんりだんく》」〈注15〉の欠点《けってん》が除《のぞ》かれません。

これに対して、法華経本門《ほんもん》では、五百塵点劫《ごひゃくじんてんこう》というはるかな久遠《くおん》において実《じつ》は成仏しており、それ以降にも菩薩《ぼさつ》としての寿命《じゅみょう》が続いているので、さまざまな姿《すがた》を示《しめ》し衆生《しゅじょう》を教化《きょうけ》してきたという仏《ほとけ》の真《しん》の姿が明《あ》かされる。すなわち、仏である釈尊の一身《いっしん》に九界も仏界も本来的《ほんらいてき》に具《そな》わり、常住《じょうじゅう》しているのである。

この事実が説かれたことによって、九界の生命のままで仏界を開《ひら》き顕《あらわ》すことができることが明《あ》かされ、即身成仏《そくしんじょうぶつ》の道が開《ひら》かれたのです。

御本尊を明鏡《めいきょう》とし大聖人を手本《てほん》として

⑤種脱相対《しゅだつそうたい》

本門《ほんもん》で即身成仏の道が開かれたといっても、文上《もんじょう》では久遠実成《くおんじつじょう》以前に実践《じっせん》していた菩薩《ぼさつ》道《どう》の修行《しゅぎょう》によって永遠《えいえん》の寿命《じゅみょう》を得《え》て、初めてそうなったのである。永遠の寿命を得るには不退位《ふたいい》である初住位《しょじゅうい》〈注16〉にまで至《いた》らなければならない。初住位にまで至って、確固《かっこ》たる信《しん》で無明《むみょう》を破《やぶ》り、智慧《ちえ》を得て、自身の生命に九界《きゅうかい》も仏界《ぶっかい》も常住《じょうじゅう》することを覚知《かくち》したのである。

ただし、初住位までの修行も困難《こんなん》なものであり、またそこから智慧を開いて、実際《じっさい》に己《こ》心《しん》の仏界を覚知《かくち》することも困難です。凡夫《ぼんぷ》が到底《とうてい》、為《な》しうることではない。

したがって、本門文上では、凡夫に即身成仏、一生成仏の道が直《ただ》ちに開かれたわけではありません。

これに対して、文底《もんてい》の仏法では、久遠《くおん》の釈尊《しゃくそん》の初住位《しょじゅうい》までの菩薩行《ぼさつぎょう》の原動力《げんどうりょく》となり、また、初住位で覚知《かくち》された根本法《こんぽんほう》そのものである南無妙法蓮華経を直《ただ》ちに説《と》き示《しめ》された。その法を求《もと》め、そのまま信受《しんじゅ》すれば、凡夫《ぼんぷ》が直ちに仏果《ぶっか》を得《え》ることができる。

私たちは、大聖人が凡夫の身《み》のままで、南無妙法蓮華経によって己心《こしん》に成就《じょうじゅ》された仏界《ぶっかい》の生命をそのまま顕《あらわ》された御本尊を明鏡《めいきょう》とし、大聖人御自身《ごじしん》を手本《てほん》として、自身に仏界があると深《ふか》く信ずることにより、直ちに自身に仏界を開《ひら》き顕すことができるのです。

因果《いんが》一念《いちねん》の宗《しゅう》

したがって、因果の究極《きゅうきょく》は、凡夫の深くて強い信心の一念に納《おさ》まるのです。無明《むみょう》を打《う》ち破《やぶ》る強い信があれば、九界《きゅうかい》の生命が永遠《えいえん》の生命と現《あらわ》れ、そこに仏界の生命が開かれるのです。このことは前回の最後に述《の》べました。

「本因妙抄《ほんいんみょうしょう》」においては、「因果」を基準《きじゅん》として仏教の高低浅深《こうていせんじん》を簡潔《かんけつ》に明《あ》かされています。そこで「因果《いんが》一念《いちねん》」に極《きわ》まる四つの因果観を示《しめ》されています〈注17〉。

すなわち方便権教《ほうべんごんきょう》は、因である九界《きゅうかい》を断滅《だんめつ》してこそ果《か》である仏界《ぶっかい》が得《え》られるとする厭離《おんり》断九《だんく》を説《と》くので「因果異性《いしょう》の宗《しゅう》」であるのに対して、法華経迹門《しゃくもん》は、九界と仏界が同じ一つの生命に具《そな》わることを説くので「因果同性《どうしょう》の宗」と呼《よ》ばれます。また、本門《ほんもん》は、九界と仏界がともに三世《さんぜ》にわたって常住《じょうじゅう》するのが真《しん》の仏身《ぶっしん》であると明《あ》かすので「因果並常《びょうじょう》の宗」と言われる。

これらに対して、大聖人の文底独一《もんていどくいち》本門は、凡夫《ぼんぷ》の一念に九界も仏界も納《おさ》まり、信《しん》の一念によって、いつでも凡夫の身《み》に仏界が涌現《ゆげん》し、即身成仏《そくしんじょうぶつ》できるので「因果一念の宗」と呼ばれるのです。

大聖人の仏法においては、まさに一念が肝心《かんじん》です。「心こそ大切なれ」なのです。

人生の根本目的を体現《たいげん》する人格

さて、五重《ごじゅう》の相対《そうたい》によって因果観が深《ふか》まると、尊敬《そんけい》されるべき主師《しゅし》親《しん》の意義《いぎ》も深まってくる。

外典《げてん》・外道《げどう》では、明確《めいかく》な因果観《いんがかん》のもとに立てられた主師親《しゅししん》ではないから、尊敬《そんけい》されるべき存在《そんざい》としていかに荘厳《そうごん》され、また、その絶対性《ぜったいせい》や権威《けんい》が強調《きょうちょう》されていたとしても、信ずる人に明確な目的観《もくてきかん》をもたらさず、暗中模索《あんちゅうもさく》の生き方か、権威に従属《じゅうぞく》する消極的《しょうきょくてき》な生き方しかもたらさない。

次に、仏教のなかでも、小乗教《しょうじょうきょう》と権大乗教《ごんだいじょうきょう》は厭離断九《おんりだんく》の成仏観《じょうぶつかん》・因果観であり、仏《ほとけ》は特別の存在として崇《あが》められる。他方、衆生《しゅじょう》は自分だけが煩悩《ぼんのう》を滅《めっ》するという小目的で満足《まんぞく》する生き方（小乗）か、あるいは、万人《ばんにん》を救済《きゅうさい》するような偉大《いだい》ではあるが、しかし架空《かくう》でしかない仏の救済を待《ま》つという夢幻《ゆめまぼろし》に生きる生き方（権大乗）にとどまる。

いずれにしても消極的な生き方を脱《だっ》することはできない。

これに対して、実教《じっきょう》である法華経では、九界《きゅうかい》の衆生にも仏界《ぶっかい》が具《そな》わり（迹門《しゃくもん》）、久遠実成《くおんじつじょう》の仏にも九界が具わる（本門《ほんもん》）という真《しん》の十界互具《じっかいごぐ》が示《しめ》され、人々は自《みずか》らに仏界の偉大《いだい》な生命を開《ひら》くという、深《ふか》い希望《きぼう》を持った生き方ができるようになる。

しかし、久遠実成の仏は、完成された円満《えんまん》なる仏果《ぶっか》を中心に説《と》かれているために、凡夫《ぼんぷ》にとっては、崇拝《すうはい》し、渇仰《かつごう》するだけの対象《たいしょう》にとどまり、成仏《じょうぶつ》の因果《いんが》を実現する手本《てほん》にはならない。

これに対して、大聖人の仏法では、大聖人御自身《ごじしん》が一念《いちねん》の力《ちから》による凡夫《ぼんぷ》成仏の手本であられる。御書に示《しめ》される大聖人の戦《たたか》い、大聖人の不惜身命《ふしゃくしんみょう》の実践《じっせん》、大聖人の誓願《せいがん》、大聖人の師子王《ししおう》の心が、私たちに凡夫成仏のための一念を示してくださっているのです。

それは、「例《れい》せば日蓮が如《ごと》し」（全九五七ジペー・新一二八六ジペー）、「例《ためし》には他を引くべからず」（全一二二〇ジペー・新一六八九ジペー）等の大聖人御自身の仰《おお》せからも明《あき》らかです。

五重《ごじゅう》の相対《そうたい》は、究極《きゅうきょく》の因果を示すことで、人生を常に向上《こうじょう》に導《みちび》く最高の指標《しひょう》を指《さ》し示す教《おし》えです。

そして、最終的には、末法《まっぽう》の凡夫が一生成仏を遂《と》げていくための最高の手本となる至高《しこう》の主師親《しゅうしん》を示した法理《ほうり》なのです。

「開目抄《かいもくしょう》」は、末法の万人《ばんにん》に向かって、凡夫成仏の手本である法華経の行者《ぎょうじゃ》・日蓮大聖人を明らかにされた書《しょ》である。それゆえに「人本尊開顕《にんほんぞんかいけん》の書」と言われるのです。

注

〈注1〉**【天台大師《てんだいだいし》】**智顗《ちぎ》のこと。中国天台宗の実質的な開祖《かいそ》。随《ずい》代に『法華玄義《ほっけげんぎ》』『法華文句《もんぐ》』『摩訶《まか》止観《しかん》』等を著《あらわ》し、南三北七《なんさんほくしち》の諸宗《しょしゅう》を破折《はしゃく》し、法華経を宣揚《せんよう》した。

〈注2〉**【名《みょう》・体《たい》・宗《しゅう》・用《ゆう》・教《きょう》の五重玄《ごじゅうげん》】**天台大師《てんだいだいし》が『法華玄義《ほっけげんぎ》』で釈名《しゃくみょう》・弁体《べんたい》・明宗《みょうしゅう》・論用《ろんゆう》・判教《はんきょう》（名・体・宗・用・教）の五面から妙法蓮華経の卓越性《たくえつせい》を釈したもの。釈名とは経題《きょうだい》を解釈《かいしゃく》し名を明《あ》かすこと。弁体とは一経の体である法理を究《きわ》めること。明宗とは一経の宗要《しゅうよう》を明かすこと。論用とは一経の功徳《くどく》・力用《りきゆう》を論ずること。判教とは一経の教相判釈《きょうそうはんじゃく》。

〈注3〉『法華玄義《ほっけげんぎ》』巻一上には「宗《しゅう》とは、要《よう》なり。所謂《いわゆる》仏《ほとけ》の自行《じぎょう》の因果《いんが》、以《もっ》て宗と為《な》すなり」とある。

〈注4〉**【言語道断《ごんごどうだん》・心行所滅《しんぎょうしょめつ》】**究極《きゅうきょく》の法は、言葉で表《あらわ》すことも、心で思い考えることもできない、ということ。

〈注5〉『法華玄義《ほっけげんぎ》』巻八上、巻九下等。

〈注6〉**【三仙《さんせん》】**釈尊誕生《しゃくそんたんじょう》以前に出現した三人の外道《げどう》の祖《そ》。迦毘羅《かびら》はサーンキヤ学派の祖（数論師《すろんし》）で決定論《けっていろん》である「因中有果《いんちゅううか》」説を唱《とな》えた。漚楼僧佉《うるそうぎゃ》はヴァイシェーシカ学派の祖（勝論師《かつろんし》）で偶然《ぐうぜん》論《ろん》の「因中無果《むか》」説を唱《とな》えた。勒娑婆《ろくしゃば》はジャイナ教の祖で両者の折衷論《せっちゅうろん》の「因中亦《やく》有果亦無果」説を唱えた。

〈注7〉例《たと》えば、儒教《じゅきょう》の祖《そ》・孔子《こうし》は「未《いま》だ生《せい》を知らず、焉《いずく》んぞ死を知らん」（『論語《ろんご》』先進篇《せんしんへん》）等と述《の》べた。

〈注8〉【バラモン教】仏教以前に、ヴェーダおよびその解釈学《かいしゃくがく》に基《もと》づいて発展した思想《しそう》全体をいう。祭司階級《さいしかいきゅう》である婆羅門《ばらもん》が主体の宗教。

〈注9〉【六派哲学《ろっぱてつがく》】古代《こだい》インドのバラモン哲学の代表的な六つの学派をいう。サーンキヤ（数論《すろん》）、ヨーガ、ニヤーヤ（正理《しょうり》）、ヴァイシェーシカ（勝論《かつろん》）、ミーマーンサー、ヴェーダーンタの六学派。

〈注10〉【権実相対《ごんじつそうたい》・権迹相対《ごんしゃくそうたい》】仏《ほとけ》が悟《さと》った真実《しんじつ》がそのまま説《と》かれた実教《じっきょう》である法華経と、その真実を説くための準備的《じゅんびてき》な方便《ほうべん》として仮《かり》に説かれたそれ以外の権教《ごんきょう》を相対し比較《ひかく》するもの。「開目抄《かいもくしょう》」では、権教と法華経迹門《しゃくもん》が比較されているので、日寛上人《にちかんしょうにん》が文段《もんだん》で「権迹相対」とした。

〈注11〉【二乗《にじょう》への弾呵《だんか》】「開目抄《かいもくしょう》」では、法華経と他の諸経《しょきょう》との相違《そうい》を述《の》べるなかで「大集経《だいしゅうきょう》・大品経《だいぼんきょう》・金光明経《こんこうみょうきょう》・阿弥陀経《あみだきょう》等は諸小乗経の二乗を弾呵せんがために十方《じっぽう》に浄土《じょうど》をとき凡夫《ぼんぷ》・菩薩《ぼさつ》を欣慕《ごんぼ》せしめ二乗を・わずら《煩》はす」（全一九四ページ・新六二ページ）と述《の》べられている。

〈注12〉【灰身滅智《けしんめっち》】身《み》を焼《や》いて灰《はい》にし、智慧《ちえ》を滅すること。小乗経《しょうじょうきょう》で、あらゆる煩悩《ぼんのう》が生《しょう》ずるよりどころとなる心身《しんしん》の両面を滅することによって生死《しょうじ》の苦《く》しみから逃《のが》れようとしたもの。

〈注13〉【一切衆生悉有仏性《いっさいしゅじょうしつうぶっしょう》】「一切衆生に悉《ことごと》く仏性有《あ》り」と読む。九界の衆生はことごとく仏性を有《ゆう》するとの意。五時教判《ごじきょうはん》で法華《ほっけ》・涅槃《ねはん》時とされ、法華経と同時に属する涅槃経巻二十七に「一切衆生悉く仏性有り。如来《にょらい》は常住《じょうじゅう》にして、変易《へんにゃく》有ること無《な》し」とある。

〈注14〉【開示悟入《かいじごにゅう》の四仏知見《しぶっちけん》】法華経方便品《ほうべんぼん》（法華経一二一ページ）で、諸仏が世に出現する目的が衆生《しゅじょう》に仏知見《ぶっちけん》（仏界《ぶっかい》）を開《ひら》かせ、示し、悟《さと》らせ、それを実現する道へ入らせることであると説《と》いたこと。

〈注15〉【厭離断九《おんりだんく》】既出（本書九五ページ参照）。

〈注16〉【初住位《しょじゅうい》】既出（本書九五ページ参照）。

〈注17〉「宗《しゅう》の四重とは一に因果《いんが》異性《いしょう》の宗・方便権教《ほうべんごんきょう》なり、二に因果同性《どうしょう》の宗・是《こ》れ迹門《しゃくもん》なり、三に因果並常《びょうじょう》の宗・即《すなわ》ち本門《ほんもん》なり、四に因果一念《いちねん》の宗・文《もん》に云《いわ》く『芥爾《けに》も心有《あ》れば即ち三千を具《ぐ》す』と、是れ即ち末法純円《まっぽうじゅんえん》・結要付属《けっちょうふぞく》の妙法なり云云」（全八七一ページ・新二三二〇ページ）。

第6回 誓願《せいがん》——大難を越える生命奥底《おうてい》の力

御文

日本国に此《こ》れをしれる者は但《ただ》日蓮一人《いちにん》なり。

これを一言《いちごん》も申《もう》し出《いだ》すならば父母・兄弟・師匠《ししょう》に国主《こくしゅ》の王難必《おうなんかなら》ず来《きた》るべし、いはずば・慈悲《じひ》なきに・にたりと思惟《しゆい》するに法華経・涅槃経《ねはんきょう》等に此の二辺《にへん》を合《あわ》せ見るに・いはずば今生《こんじょう》は事《こと》なくとも後生《ごしょう》は必ず無間地獄《むけんじごく》に堕《おつ》べし、いうならば三障四魔《さんしょうしま》必ず競《きそ》い起《おこ》るべしと・しりぬ、二辺の中には・いうべし、王難等・出来《しゅったい》の時は退転《たいてん》すべくは一度に思ひ止《とどま》るべしと且《しばら》くやすらい《休》し程に宝塔品《ほうとうほん》の六難九易《ろくなんくい》これなり、我等《われら》程の小力《しょうりき》の者・須弥山《しゅみせん》はなぐとも我等程の無通《むつう》の者・乾草《かれくさ》を負《お》うて劫火《ごうか》には・やけずとも我等程の無智《むち》の者・恒沙《ごうしゃ》の経経《きょうぎょう》をば・よみをぼうとも法華経は一句《いっく》一偈《いちげ》も末代《まつだい》に持《たも》ちがたしと・とかるるは・これなるべし、今度《こんど》・強盛《ごうじょう》の菩提心《ぼだいしん》を・をこして退転《たいてん》せじと願《がん》しぬ
(全二〇〇ジペー・新七〇ジペー)

通解

日本国でこのこと（仏教の諸宗《しょしゅう》が謗法《ほうぼう》の教《おし》えを説《と》いており、人々を悪道《あくどう》に堕《お》とす悪縁《あくえん》となっていること）を知っている者は、ただ日蓮一人《ひとり》である。

このことを一言《ひとこと》でも言い出すならば、父母・兄弟・師匠《ししょう》からの難《なん》、さらには国主《こくしゅ》による難が必《かなら》ず襲《おそ》ってくるであろう。言わなければ、慈悲《じひ》がないのに等《ひと》しい。このように考えていたが、言うか言わないかの二つについて法華経・涅槃経《ねはんきょう》等に照《て》らして検討《けんとう》してみると、言わないならば、今世《こんぜ》には何事もなくても、来世《らいせ》は必ず無間地獄《むけんじごく》に堕ちる、言うならば、三障四魔《さんしょうしま》が必ず競《きそ》い起《お》こる、ということがわかった。この両者《りょうしゃ》のなかでは、言うほうをとるべきである。それでも、国主による難などが起きた時に退転するぐらいなら、最初から思いとどまるべきだと、少しの間思いめぐらしていたところ、宝塔品《ほうとうほん》の六難九易《ろくなんくい》とはまさにこのことであった。「我々のよ

うな力《ちから》のない者が須弥山《しゅみせん》を投《な》げることができたとしても、我々のような通力《つうりき》のない者が枯《か》れ草を背負《せお》って、劫火《ごうか》の中で焼けることはなかったとしても、また、我々のような無智《むち》の者がガンジス河の砂の数ほどもある諸経《しょきょう》を読み覚《おぼ》えることができたとしても、たとえ一句《いっく》一偈《いちげ》であっても末法《まっぽう》において法華経を持《たも》つことは難《むずか》しい」と説《と》かれているのは、このことに違《ちが》いない。私は、今度《こんど》こそ、強い求道心《きゅうどうしん》をおこして、断《だん》じて退転《たいてん》するまい、と誓願《せいがん》したのである。

講義

人間を鍛《きた》え、強くし、豊《ゆた》かな人格《じんかく》をつくるのは、「精神《せいしん》の力《ちから》」です。確固《かっこ》たる「哲学《てつがく》」と決定《けつじょう》した「信念《しんねん》」こそが、偉大《いだい》なる人間の風格《ふうかく》をつくっていく。

「開目抄《かいもくしょう》」は、いわば「最深《さいしん》の哲学」と「最強《さいきょう》の信念」を説く書です。「最深の哲学」とは、全人類救済《ぜんじんるいきゅうさい》の慈悲《じひ》の極理《ごくり》たる凡夫成仏《ぼんぷじょうぶつ》の大法《だいほう》が説き明《あ》かされているからです。

日蓮大聖人は、無常《むじょう》と思える凡夫の生命に常住《じょうじゅう》の妙法を洞察《どうさつ》され、その妙法の力を一人《ひとり》ひとりの人間に現《あらわ》していく道を確立《かくりつ》された。私たちはそこに、全人類《ぜんじんるい》に真《しん》に希望《きぼう》と勇気《ゆうき》を与《あた》えうる最《もっと》も深《ふか》き哲学《てつがく》を拝《はい》することができる。

「最強《さいきょう》の信念《しんねん》」とは、全人類を救《すく》いうるこの大法《だいほう》を、いかなる障魔《しょうま》が競《きそ》っても弘《ひろ》めゆくことを誓《ちか》う、広宣流布《こうせんるふ》への偉大《いだい》なる信念です。その根底《こんてい》には、大法を惜《お》しむお心とともに、人間の苦悩《くのう》に同苦《どうく》されつつ、人間の限《かぎ》りなき可能性《かのうせい》を慈《いつく》しまれる大慈悲《だいじひ》があられることは言うまでもありません。

本抄の前半では、文底《もんてい》の大法である事《じ》の一念三千《いちねんさんぜん》を、末法《まっぽう》流布・民衆救済《みんしゅうきゅうさい》の法として明《あ》かされています。その大綱《たいこう》は既《すで》に拝してきました。

そして、本抄の後半では、その大法を弘めていく真の法華経の行者《ぎょうじゃ》は誰《だれ》かが明かされていきます。

すなわち、成仏《じょうぶつ》の根本《こんぽん》の「法」を明かした後、その法を弘める「人」へと焦点《しょうてん》が移《うつ》っていきます。

その後半部の冒頭《ぼうとう》にあたって、大聖人は、御自身《ごじしん》が末法流布に立ち上がられた時、すなわち、いわゆる〝立宗《りっしゅう》の時〟に立てられた「誓願《せいがん》」について述《の》べられています。これは末法流布《るふ》にあって「誓願《せいがん》」がいかに重要《じゅうよう》であるかを示《しめ》しています。

謗法《ほうぼう》とは人間の成仏を信じられない無明《むみょう》

末法《まっぽう》の広宣《こうせん》流布がいかに困難《こんなん》であるか。その点について、大聖人は本抄で次のように指《し》摘《てき》されています。

「末法には正法《しょうほう》の者は爪上《そうじょう》の土《つち》のように少なく、謗法の者は十方《じっぽう》の国土《こくど》の土のように多い。世間《せけん》の罪《つみ》によって悪道《あくどう》に堕《お》ちる者は爪上の土のように少なくとも、仏法によって悪道に堕ちる者は十方の土のように多い。しかも、在家《ざいけ》よりも僧《そう》・尼《あま》が多く悪道に堕ちる」（全一九九ジペー・新六九ジペー、趣意）

末法は、時代が濁《にご》り、人々の機根《きこん》も劣《おと》るとされ、僧尼《そうに》の堕落《だらく》も極《きわ》まる。そのような問題もさることながら、末法弘通《ぐつう》が正像二時《しょうぞうにじ》〈注1〉をはるかに超《こ》えて困難《こんなん》であることの本質《ほんしつ》については、「謗法」という問題を抜《ぬ》きに語《かた》ることはできません。

「謗法」とは「正法を謗《そし》る」ことです。その根底《こんてい》には正法に対する「不信《ふしん》」があります。

正法《しょうほう》とは、万人《ばんにん》の成仏《じょうぶつ》を説《と》く法華経です。万人が成仏できるということは自分も成仏できるということです。

しかし、これが信じがたい。多くの人は、仏《ほとけ》とは人間からかけ離《はな》れた存在《そんざい》であると思ってしまっているからです。そういう古い権威《けんい》主義《しゅぎ》的《てき》な宗教観・信仰観《しんこうかん》を持っている人は、すべての人が仏になれるという法華経の正法を、とても信じることはできない。

また、自分が仏になれるということは、現実の人生経験《けいけん》の上からも信じがたい。現実の人生において苦境《くきょう》にあるときは、そのように苦《くる》しむ自分が仏になれるとは、とても思えなくなる。

反対に、順調《じゅんちょう》なときは、こんなに幸《しあわ》せなら仏になどならなくてもよいと思ってしまう。

いずれにせよ、正法を信ずるようになることは稀《まれ》である。このように、万人が成仏できるということは信じがたいので、ややもすると、人間からかけ離れた神仏《しんぶつ》を説き、神仏と人間の間に聖職者《せいしょくしゃ》という媒介者《ばいかいしゃ》をおく権威主義的な宗教の方に傾斜《けいしゃ》していく人が多い。

そのような宗教観・信仰観が支配的《しはいてき》な社会に、万人の成仏のために戦《たたか》う法華経の行者《ぎょうじゃ》が出現すると、多くの人は自《みずか》らの既成《きせい》の宗教観にかたくなに固執《こしつ》し、真実《しんじつ》の仏法を実践《じっせん》する法華経の行者《ぎょうじゃ》を憎《にく》み、迫害《はくがい》するのです。

例《たと》えば、法華経勧持品《かんじほん》には、三類《さんるい》の強敵《ごうてき》が法華経の行者に対して「汝《なんじ》らはみな仏《ほとけ》なのか」と揶揄《やゆ》する、と説《と》かれている〈注2〉。このように、法華経の行者への迫害の根底《こんてい》には、万人成仏《ばんにんじょうぶつ》を説く正法《しょうほう》への不信《ふしん》・謗法《ほうぼう》が横たわっているのです。

小乗教《しょうじょうきょう》や権大乗教《ごんだいじょうきょう》では、釈尊《しゃくそん》を特別化して人間は釈尊のようにはなれないと説いたり、あるいは阿弥陀仏《あみだぶつ》や大日如来《だいにちにょらい》〈注3〉のような、人間からかけ離《はな》れた仏を説いています。これらの教えを依《よ》りどころとする宗派《しゅうは》が正法・像法《ぞうほう》の時代に生まれ、人間からかけ離れた仏を説く分だけ権威主義化《けんいしゅぎか》していった。

末法《まっぽう》に入ると、法華経の真義《しんぎ》がわからなくなり、ますます権威主義的宗教が正《ただ》しいという考えに縛《しば》られ、人間からかけ離れた神仏《しんぶつ》の力《ちから》にすがるという信仰観《しんこうかん》が支配的《しはいてき》になります。故《ゆえ》に自宗《じしゅう》への執着心《しゅうちゃくしん》がいよいよ強盛《ごうじょう》になり、「小乗をもって大乗を打《う》ち、権教《ごんきょう》をもって実教《じっきょう》の法華経を破《やぶ》る」という、転倒《てんとう》した考え方が横行《おうこう》するのです。法華誹謗《ほっけひぼう》の仏教宗派の横行です。

そして、ついには、これらの宗派が悪縁《あくえん》となって法華不信・法華誹謗の人を多く生み、

「仏教によって悪道《あくどう》に堕《お》ちる者は十方《じっぽう》の土《つち》のように多い」という、由々《ゆゆ》しい事態《じたい》が起《お》こるのです。仏法は本来《ほんらい》、人々を救《すく》うための教《おし》えです。それが、誤《あやま》った仏教を信じることにより、人々は悪道に堕ちていく。これが末法《まっぽう》の「法滅《ほうめつ》」の姿《すがた》です。

大聖人は、そのような末法・法滅の時代の人々を救うために、一人《ひとり》、立ち上がられたのです。

そのために、仏教諸派《しょは》に潜《ひそ》む魔性《ましょう》を徹底的《てっていてき》に見極《みきわ》められた。本抄では、法華経の行者《ぎょうじゃ》として一人立ち上がる時の誓願《せいがん》を述《の》べられる前に、謗法《ほうぼう》の教えと堕《だ》し、人々を悪道に堕とす諸宗《しょしゅう》の魔性の正体《しょうたい》を「悪鬼《あっき》入其身《にゅうごしん》」〈注4〉であると見破《みやぶ》り、厳《きび》しく打ち破っておられます。

悪鬼入其身の高僧が謗法《ほうぼう》の元凶《げんきょう》

本抄では、悪鬼は一見《いっけん》、仏法を悟《さと》り究《きわ》めたかのように見える高僧《こうそう》に入り、民衆《みんしゅう》をたぶらかすと指摘《してき》されています。つまり、社会の中で、精神的影響力《せいしんてきえいきょうりょく》の強い者に悪鬼が入り、大勢《おおぜい》の人々を惑《まど》わして悪道に堕とすというのです。

釈尊《しゃくそん》の説《と》いた爾前《にぜん》の教法《きょうほう》それ自体《じたい》が即《そく》、謗法《ほうぼう》ということではありません。問題なのは、その教法に執着《しゅうちゃく》し、悪用《あくよう》して、法華経を誹謗《ひぼう》する悪人《あくにん》であり、それこそが、謗法の元凶《げんきょう》なのです。さらに言えば、そうした謗法の僧《そう》を支持《しじ》する民衆《みんしゅう》の無明《むみょう》をこそ、克服《こくふく》していかなければ、末法《まっぽう》の弘通《ぐつう》は成《な》り立ちません。

「元品《がんぽん》の無明は第六天《だいろくてん》の魔王《まおう》と顕《あら》われたり」（全九九七ジペー・新一三三一ジペー）と仰《おお》せのように、第六天の魔王の本質《ほんしつ》は、すべての人の生命に巣《す》くう元品の無明です。そして、万人《ばんにん》が自身の中の無明の闇《やみ》を払《はら》うために、悪縁《あくえん》・悪知識《あくちしき》には毅然《きぜん》たる態度《たいど》で臨《のぞ》み、打《う》ち破《やぶ》っていかないといけないのです。ゆえに、悪縁、悪知識に対しては、〝油断《ゆだん》するな〟〝見破《みやぶ》れ〟〝戦《たたか》え〟と説くのが、仏教の正統《せいとう》な教《おし》えです。

末法に入って二百余年《よねん》。悪鬼入其身《あっきにゅうごしん》の悪僧《あくそう》の本質を見抜《みぬ》いたのは、ただ日蓮大聖人お一人《ひとり》であられた。

正義《せいぎ》が見失《みうしな》われている時に真実《しんじつ》を叫《さけ》べば、民衆をたぶらかしている輩《やから》は、自分の正体《しょうたい》を暴《あば》かれる恐怖《きょうふ》から、その法華経の行者《ぎょうじゃ》を迫害《はくがい》する。そして、彼等にたぶらかされている民衆は、だまされていた自分の愚《ぐ》を直視《ちょくし》することができないために、正義の人を遠《とお》ざけ、悪《あっ》口《こう》し怨嫉《おんしつ》し、果《は》ては迫害《はくがい》する。
謗法《ほうぼう》が充満《じゅうまん》している社会は、真実《しんじつ》を叫《さけ》ぶ法華経の行者《ぎょうじゃ》が弾圧《だんあつ》される社会へと必然的《ひつぜんてき》になってしまうのです。

日蓮大聖人は、そのこともまた知悉《ちしつ》されていました。それでも、民衆《みんしゅう》のために一人《ひとり》、立ち上がる決意《けつい》をされる。あの立宗宣言《りっしゅうせんげん》前の強靱《きょうじん》な御思索《ごしさく》と壮絶《そうぜつ》な精神闘争《せいしんとうそう》に、それが拝《はい》されます。その御思索の一端《いったん》が、御自身《ごじしん》の述懐《じゅっかい》として「開目抄《かいもくしょう》」に綴《つづ》られています（本書一一六㌻の御文を参照）。

ここに拝することができる大聖人の崇高《すうこう》な魂《たましい》の軌跡《きせき》こそ、人類《じんるい》の精神史に刻《きざ》まれるべき重要《じゅうよう》な一ページであると私は確信《かくしん》する。

誓願《せいがん》によって一人立つ

「日本国に此《こ》れをしれる者は但《ただ》日蓮一人《いちにん》なり」――謗法の悪縁《あくえん》が国に充満していることを知るのは、ただ大聖人お一人であられた。

法華経や涅槃経《ねはんきょう》などの経文《きょうもん》に照《て》らして見るに、謗法充満《ほうぼうじゅうまん》の事実を人々に語《かた》れば三障四魔《さんしょうしま》〈注5〉が競《きそ》い起《お》こることは必然《ひつぜん》である。一方、言わなければ、無慈悲《むじひ》ゆえに後生《ごしょう》には必《かなら》ず無間地獄《むけんじごく》に堕《お》ちることも、経文からは明《あき》らかである。そこで、大聖人は、言うか言わざるかの二つのうちでは、「言うべきである」と、経文に照らして結論《けつろん》されたと述《の》べられています。

波浪《はろう》に真正面《ましょうめん》から向かっていく困難《こんなん》と、暗《くら》き深淵《しんえん》の底《そこ》に沈《しず》んでいく苦悩《くのう》とを比較《ひかく》するならば、前向《まえむ》きに敢然《かんぜん》と困難に挑戦《ちょうせん》すべきであるとされたのです。

もちろん、末法《まっぽう》に正法《しょうほう》を弘通《ぐつう》することは、並大抵《なみたいてい》なことではない。権力《けんりょく》が牙《きば》を剥《む》いて大《だい》弾圧《だんあつ》を加《くわ》えてくる時の魔性《ましょう》の嵐《あらし》は、想像《そうぞう》を絶《ぜっ》する精神的《せいしんてき》・肉体的《にくたいてき》な打撃《だげき》をもたらします。

万人《ばんにん》の成仏《じょうぶつ》を説《と》く正法を知悉《ちしつ》されていた大聖人は、人間の仏性《ぶっしょう》を深《ふか》く洞察《どうさつ》されていたが故《ゆえ》に、正法を妨《さまた》げる魔性の恐《おそ》ろしさもまた深く見抜《みぬ》かれていたと拝察《はいさつ》できます。

そこで「王難《おうなん》等・出来《しゅったい》の時は退転《たいてん》すべくは一度《いちど》に思ひ止《とど》るべしと且《しばら》くやす《休》らいし程《ほど》に」と言われるのです。

波濤《はとう》さかまく航海《こうかい》の途中《とちゅう》で引き返すぐらいなら、最初から船出《ふなで》すべきではない。魔性が荒《あ》れ狂《くる》って退転《たいてん》するかも知れないとわかったときは、思いとどまってもよいのではないか。こうも考えざるをえないほど、魔《ま》の働《はたら》きは激《はげ》しい。故《ゆえ》に大聖人は、しばらくは、敢然《かんぜん》たる行動に移《うつ》る前に御思索《ごしさく》を重《かさ》ねられたのである。

もちろん、ここで、退転するくらいなら思いとどまろうとされているのは、決《けっ》して臆病《おくびょう》や惰弱《だじゃく》の心からではありません。戦《たたか》うべき魔性《ましょう》の本質《ほんしつ》を知悉《ちしつ》されているが故に、全宇宙《ぜんうちゅう》に瀰漫《びまん》する魔軍《まぐん》を完全《かんぜん》に破《やぶ》ることの険《けわ》しさに思いをめぐらした、真実《しんじつ》の勇者《ゆうしゃ》ならではの真剣《しんけん》な思索であります。

「やす《休》らいし」という表現とは裏腹《うらはら》に、じっと黙考《もっこう》して微動《びどう》だにせぬ大聖人の胸奥《きょうおう》には、壮絶《そうぜつ》な魂《たましい》の闘争《とうそう》が繰《く》り広げられていたと拝察《はいさつ》されます。

そのとき、魂の闘争を続けられていた若き大聖人のお心に浮《う》かび上がってきたのが、法華経宝塔品《ほうとうほん》の「六難九易《ろくなんくい》」〈注6〉でありました。

「六難九易」とは、釈尊《しゃくそん》が菩薩《ぼさつ》たちに対して、滅後弘通《めつごぐつう》の誓《ちか》いを勧《すす》めるために説《と》かれたものです。

「九易」として説かれている九つの〝易《やさ》しいこと〟は、〝須弥山《しゅみせん》をとって他方《たほう》の無数《むすう》の仏土《ぶつど》に擲《な》げ置《お》く〟とか、〝枯《か》れ草《くさ》を背負《せお》って大火《たいか》に入っても焼けない〟など、実際《じっさい》は実現することがほとんど不可能《ふかのう》と言ってよい難事《なんじ》です。それ以上に難《むずか》しい難事中の至難事《しなんじ》が「六難《ろくなん》」すなわち滅後《めつご》における法華経の受持《じゅじ》・弘通《ぐつう》である。このように釈尊《しゃくそん》は明言《めいげん》したうえで、いかなる苦難《くなん》も越《こ》えて滅後の法華弘通《ほっけ》に邁進《まいしん》するとの「誓言《せいごん》」を述《の》べなさいと菩薩《ぼさつ》たちに勧《すす》めているのです。

後に「開目抄《かいもくしょう》」では、この勧めを「宝塔品《ほうとうほん》の三箇《さんか》の鳳詔《ほうしょう》」〈注7〉の一つとして挙《あ》げられています。

仏《ほとけ》の滅後における法華弘通は、三世《さんぜ》の諸仏《しょぶつ》の願《ねが》いである。その困難《こんなん》をすべて知り尽《つ》くしたうえで、仏は後継《こうけい》の菩薩たちにあえて「挑戦《ちょうせん》すべし」と呼《よ》び掛《か》けられているのです。

六難九易《くい》は、いわば「仏意《ぶつい》」を表現しているのです。仏は、滅後における法華弘通の至難なることを明確《めいかく》に示《しめ》しながら厳然《げんぜん》と「誓言」を述べるように勧めているのです。

それは〝「誓《ちか》い」を立てて法華経への信《しん》を確立《かくりつ》すれば、乗《の》り越えられない難はない〟という、末法《まっぽう》の法華経の行者《ぎょうじゃ》への厳然《げんぜん》たるメッセージであると考えられる。

ここで、「九易」の例《れい》として大聖人が挙げられている三つの譬《たと》えに注目《ちゅうもく》してみたい。そのなかで大聖人は、あえて「我等程《われらほど》の小力《しょうりき》の者」「我等程の無通《むつう》の者」「我等程の無智《むち》の者」との表現をとられ、凡夫《ぼんぷ》であることを強調《きょうちょう》されています。

ここには、肉体的《にくたいてき》な力《ちから》がなかろうと、神通力《じんつうりき》がなかろうと、智慧《ちえ》がなかろうと、誰人《たれびと》であれ確固《かっこ》たる誓《ちか》いをもって仏《ほとけ》とともに歩《あゆ》めば、無限《むげん》の力、無限の勇気《ゆうき》、無限の智慧がわき、いかなる大難《だいなん》も越《こ》えることができるという、無限の希望《きぼう》のメッセージが込《こ》められているのではないでしょうか。

力なき凡夫でも、悪世《あくせ》において誓願《せいがん》をもって信《しん》を貫《つらぬ》けば、自分の生命の奥底《おうてい》から仏界《ぶっかい》の力を湧現《ゆげん》して、苦難《くなん》を越え、自分を変革《へんかく》していける。

反対に言えば、どんなに〝大力《だいりき》〟の者も、〝神通力〟の者も、〝智慧〟者であっても、成《な》し遂《と》げ難《がた》いのが、一人《ひとり》の人間の生命の変革なのです。

仏教における誓願の本義《ほんぎ》

そこで、いよいよ大聖人の「誓願」が立てられます。

「今度《こんど》・強盛《ごうじょう》の菩提心《ぼだいしん》を・をこして退転《たいてん》せじと願《がん》しぬ」（全二〇〇ページ・新七〇ページ）

「菩提心」とは、菩提（仏《ほとけ》の悟《さと》り）を求《もと》める心です。したがって「強盛の菩提心」とは、何があっても成仏《じょうぶつ》を求めていく心です。これは菩薩《ぼさつ》の誓願《せいがん》です。

そもそも、大乗《だいじょう》の菩薩は「四弘《しぐ》誓願」〈注8〉を立てることが菩薩である根本条件《こんぽんじょうけん》とされます。すなわち、「衆生無辺誓願度《しゅじょうむへんせいがんど》」「煩悩無量誓願断《ぼんのうむりょうせいがんだん》」「法門無尽誓願知《ほうもんむじんせいがんち》」「仏道無上誓願《ぶつどうむじょうせいがん》成《じょう》」という四つの広大《こうだい》な誓願です。

この「菩薩の誓願」の原形《げんけい》とも言うべき言葉が、法華経薬草喩品《やくそうゆほん》第五に「仏の誓願」として説《と》かれている。

「未《いま》だ度《ど》せざる者は度せしめ、未だ解《げ》せざる者は解せしめ、未だ安《やす》んぜざる者は安んぜしめ、未だ涅槃《ねはん》せざる者は涅槃を得《え》しむ」（法華経二四二ページ）

この仏の誓願は、総体《そうたい》としては「衆生無辺誓願度」を表現しています。仏が断《だん》じて万人《ばんにん》を救《すく》わんとの誓《ちか》いに立っていることが伝《つた》わってきます。また、四弘誓願の他の三つに通ずる表現も、この言葉の中に見られます〈注9〉。

仏教において「誓願」は、宿業《しゅくごう》の鉄鎖《てっさ》を切り、過去《かこ》に縛《しば》られた自分を解放《かいほう》して、新しい未来《みらい》に向かう自分をつくる力《ちから》といえます。仏《ほとけ》の教《おし》えで自分を磨《みが》きつつ、確立《かくりつ》した心によって、未来の自分を方向付《ほうこうづ》け、それを実現していく努力《どりょく》を持続《じぞく》していけるのが「誓願《せいがん》の力」です。

誓願とは、いわば「変革《へんかく》の原理《げんり》」です。

それは、自分自身の変革はもちろんのこと、薬草喩品《やくそうゆほん》の仏の誓願に見られるように、全民衆《ぜんみんしゅう》を変革していくための原理であると言えます。

妙法・仏性《ぶっしょう》への信

特に末法《まっぽう》における万人成仏《ばんにんじょうぶつ》という誓願を成就《じょうじゅ》するにあたって、大聖人が強調《きょうちょう》されたのは「信《しん》の力」です。

いわば、妙法の当体《とうたい》としての人間の無限《むげん》の可《か》能性《のうせい》を信ずることが、法華経の真髄《しんずい》です。それは、妙法への深《ふか》い「信」であるとともに、人間への透徹《とうてつ》した「信頼《しんらい》」でもあると言えます。

法華経に説《と》かれる末法《まっぽう》の弘通《ぐつう》の範《はん》となる不軽菩薩《ふきょうぼさつ》〈注10〉もそうです。不軽菩薩は、四《し》衆《しゅう》からの杖木瓦石《じょうもくがしゃく》の難《なん》を受けても礼拝《らいはい》を貫《つらぬ》き通した。時には、瓦石が届《とど》かない位置《いち》まで離《はな》れながらも、再《ふたた》び相手の方を向いて、大声で叫《さけ》ぶ。

「それでも、私はあなたを礼拝する。あなたたちは皆《みな》、仏《ほとけ》になるのです」

自分に非難《ひなん》を浴《あ》びせ、暴力《ぼうりょく》を加《くわ》えてくる人々をも礼拝し続ける。この不軽菩薩の実践《じっせん》は、すべての人間に一人《ひとり》ももれなく仏性《ぶっしょう》があるという哲学《てつがく》に裏付《うらづ》けられています。何よりも不軽菩薩が、万人《ばんにん》に仏性が内在《ないざい》することを「信じ抜《ぬ》いた」からだと考えられます。

これと対極《たいきょく》にあるのが、乞眼《こつげん》の婆羅門《ばらもん》〈注11〉の責《せ》めに負《ま》け、小乗《しょうじょう》に堕《お》ちた舎利弗《しゃりほつ》〈注12〉です。自分の善意《ぜんい》が踏《ふ》みにじられた時、舎利弗は思わず叫んでしまった。〝この人は救《すく》われ難《がた》い〟と。言うなれば、舎利弗は、結果《けっか》として、万人に内在する仏性に対する「信《しん》」を失《うしな》ったと言えるのです。

乞眼の婆羅門は、第六天《だいろくてん》の魔王《まおう》の化身《けしん》であった。万人の仏性の発現《はつげん》を否定《ひてい》するのが魔の本性《ほんしょう》です。

「万人が皆、仏である」ことへの「信」を破《やぶ》ろうとするのが魔の本質《ほんしつ》にほかなりません。

自分が救済《きゅうさい》しようと思ったその相手自身から、憎《にく》まれ、迫害《はくがい》される。理不尽《りふじん》といえば理不尽ですが、〝「それでも」私は、あなたを礼拝《らいはい》する〟と叫《さけ》び続けた不軽菩薩《ふきょうぼさつ》のごとく、深《ふか》き「信念《しんねん》」を貫《つらぬ》くことこそ、末法《まっぽう》の仏法者の振《ふ》る舞《ま》いです。

ある意味《いみ》では、人間の善《ぜん》の本性《ほんしょう》に対する突《つ》き抜《ぬ》けた「信頼感《しんらいかん》」と、それに基《もと》づく深い「楽観主義《らっかんしゅぎ》」を支《ささ》えるのが「誓願《せいがん》」の力《ちから》です。日蓮大聖人は深き誓願によって、一人《ひとり》、法華経の行者《ぎょうじゃ》として厳然《げんぜん》と立ち上がられました。謗法《ほうぼう》の悪縁《あくえん》に迷《まよ》うすべての人を救《すく》おうと、断固《だんこ》たる行動を貫いていかれた。その結果《けっか》は、大聖人が予見《よけん》された通り、日本中の人から憎《にく》まれ、嵐《あらし》のような大弾圧《だいだんあつ》を受けることになりました。

しかし大聖人は、「悦《よろこ》んで云《いわ》く本《もと》より存知《ぞんち》の旨《むね》なり」（全九一〇ページ・新一二二六ページ）とのお心で、「然《しかれ》どもいまだこりず候《そうろう》」（全一〇五六ページ・新一四三五ページ）、「日蓮一度《いちど》もしりぞく心なし」（全一二二四ページ・新一六三五ページ）、「今に至《いた》るまで軍《いくさ》やむ事《こと》なし」（全五〇二ページ・新六〇〇ページ）との決然《けつぜん》たる御心境《ごしんきょう》で戦《たたか》い続けられたのです。

大聖人の生涯《しょうがい》の壮絶《そうぜつ》な闘争《とうそう》を支《ささ》えた原動力《げんどうりょく》は、ひとえに誓願の力であったと拝《はい》することができる。誓願を貫くことによって仏《ほとけ》の心と一体化《いったいか》し、生命の奥底《おうてい》から仏界《ぶっかい》の無限《むげん》の力を湧現《ゆげん》することができることを示《しめ》し、教《おし》えてくださったのである。
濁世《じょくせ》にあって、人間不信《ふしん》を助長《じょちょう》させる魔《ま》の策謀《さくぼう》を打《う》ち破《やぶ》ることができるのは、万人救済《ばんにんきゅうさい》を誓《ちか》う「誓願《せいがん》」の力《ちから》以外にありません。

注

〈注1〉**【正像二時《しょうぞうにじ》】**正法《しょうほう》と像法《ぞうほう》の二つの時代のこと。仏《ほとけ》の滅後《めつご》、仏の教《おし》えが正《ただ》しく伝《つた》えられ実践《じっせん》されている時代を正法といい、教えが形骸化《けいがいか》していく時代を像法という。さらにその後、正しい教えが見失《みうしな》われ、混乱《こんらん》し争《あらそ》う時代を末法《まっぽう》という。

〈注2〉「斯《こ》れの軽《かろ》んじて　汝等《なんだち》は皆《み》な是《こ》れ仏《ほとけ》なりと言う所《ところ》と為《な》らん」（法華経四一九ページ）

〈注3〉**【阿弥陀仏《あみだぶつ》・大日如来《だいにちにょらい》】**阿弥陀如来は浄土経典《じょうどきょうてん》において西方《さいほう》の極楽浄土《ごくらくじょうど》に住むと説《と》かれる仏《ほとけ》で、念仏宗《ねんぶつしゅう》が本尊とする。大日如来は真言宗《しんごんしゅう》が依拠《いきょ》する大日経で宇宙の根源《こんげん》の仏として説かれる。いずれも、人々を教え導《おしみちび》くために仮《かり》に説かれた超越的《ちょうえつてき》な仏である。

〈注4〉**【悪鬼入其身《あっきにゅうごしん》】**「悪鬼は其《そ》の身《み》に入《い》って」と読む。法華経勧持品《かんじほん》第十三の文（法華経四一九ページ）。悪鬼や魔《ま》がさまざまな衆生《しゅじょう》の身に入り、正法《しょうほう》を護持《ごじ》する者をののしり、辱《はずかし》め、仏道の実践《じっせん》を妨《ぼう》害《がい》すること。

〈注5〉【三障四魔《さんしょうしま》】仏道修行《ぶつどうしゅぎょう》を妨《さまた》げる三つの障害《しょうがい》と四つの魔のこと。三障とは煩悩障《ぼんのうしょう》・業《ごう》障・報《ほう》障をいい、四魔とは煩悩魔・陰魔《おんま》・死魔・天子《てんし》魔をいう。

〈注6〉【六難九易《ろくなんくい》】法華経見宝塔品《けんほうとうほん》第十一で、仏《ほとけ》の滅後《めつご》に妙法を受持《じゅじ》することの難《むずか》しさを六難と九易の対比《たいひ》をもって示《しめ》したもの。

六難とは①広説此経難《こうせつしきょうなん》（仏の滅後《めつご》に悪世《あくせ》のなかで法華経を説《と》くこと）②書持《しょじ》此経難（仏の滅後に法華経を書き、人に書かせること）③暫読《ざんどく》此経難（仏の滅後に悪世のなかで、しばらくの間でも法華経を読むこと）④少説《しょうせつ》此経難（仏の滅後に一人のためにも法華経を説くこと）⑤聴受《ちょうじゅ》此経難（仏の滅後に法華経を聴受して、その意味することを質問すること）⑥受持此経難（仏の滅後によく法華経を受持すること）。

九易とは①余経説法易《よきょうせっぽうい》（法華経以外の無数《むすう》の経を説《と》くこと）②須弥擲置易《しゅみちゃくちい》（須弥山《しゅみせん》をとって他方《たほう》の無数《むすう》の仏土《ぶつど》に擲《な》げ置くこと）③世界足擲易《せかいそくちゃくい》（足の指で大千世界を動かして遠くの他国に擲げること）④有頂《うちょう》説法易（有頂天《うちょうてん》に立って無量《むりょう》の余経《よきょう》を説法すること）⑤把空遊行易《はくうゆぎょうい》（大空を手にとって遊行すること）⑥足地昇天易《そくちしょうてんい》（大地を足の甲《こう》の上に置いて梵天《ぼんてん》に昇《のぼ》ること）⑦大火不焼易《だいかふしょうい》（枯《か》れ草《くさ》を負《お》って大火に入っていっても焼けないこと）⑧広説得通易《こうせつとくつうい》（八万四千の法門を演説《えんぜつ》して聴《き》いた者に六通を得《え》させること）⑨大衆羅漢易《だいしゅらかんい》（無量の衆生に阿羅漢位《あらかんい》を得させて六神通《じんつう》をそなえさせること）。九易といっても考えられない大難事《だいなんじ》であるが、滅後末法《めつごまつぽう》に法華経を受持することに比較《ひかく》するならば、容易《ようい》なことであるとされる。

〈注7〉【宝塔品《ほうとうほん》の三箇《さんか》の鳳詔《ほうしょう》】法華経見宝塔品第十一から虚空会《こくうえ》の説法が始まるが、同品のなかで三度にわたって、釈尊滅後《しゃくそんめつご》における法華経弘通《ぐつう》を弟子《でし》たちに促《うなが》したこと。

〈注8〉【四弘誓願《しぐせいがん》】既出（本書九五ページ参照）。

〈注9〉薬草喩品《やくそうゆほん》の第二の誓願《せいがん》は法門の理解に関するもので、四弘誓願《しぐせいがん》の法門無尽誓願知《ほうもんむじんせいがんち》に通じ、第三の誓願は心を安らかにすることに関するもので、心を揺《ゆ》るがす煩悩《ぼんのう》を断《だん》じ尽《つ》くすという煩悩無量誓願断《むりょうせいがんだん》に通じ、第四の誓願は涅槃《ねはん》という悟《さと》りの境地《きょうち》の獲得《かくとく》に関するもので、仏道を成就《じょうじゅ》し悟りの境地を得《え》る仏道無上誓願成《ぶつどうむじょうせいがんじょう》に通じるといえよう。

〈注10〉【不軽菩薩《ふきょうぼさつ》】既出（本書七四ページ参照）。

〈注11〉【乞眼《こつげん》の婆羅門《ばらもん》】『大智度論《だいちどろん》』巻十二に記《しる》されている、舎利弗《しゃりほつ》に眼《まなこ》を乞《こ》うたバラモンのこと。舎利弗が昔、六十劫《こう》もの間、菩薩道《ぼさつどう》を修《しゅう》し布施行《ふせぎょう》をしていた時、バラモンがやってきて舎利弗に眼を布施することを求《もと》めたので、舎利弗は自《みずか》らの眼を与《あた》えたが、バラモンはその眼の臭《にお》いを嫌《きら》って唾《つば》を吐《は》きかけ、地に捨《す》てたうえ足で踏《ふ》みつけた。これを見た舎利弗は、この輩《やから》はとても度《ど》し難《がた》い、自分さえ生死《しょうじ》を脱《だつ》すればよいと菩薩道を退転《たいてん》し、小乗《しょうじょう》の考えに堕《だ》してしまったという。

〈注12〉【舎利弗《しゃりほつ》】釈尊《しゃくそん》の十大弟子《でし》の一人《ひとり》。もともと六師外道《ろくしげどう》の一人で懐疑論者《かいぎろんじゃ》であるサンジャヤ・

ヴェーラッティプッタの弟子であったが、仏法にふれて目連《もくれん》とともに釈尊に帰依《きえ》した。仏説《ぶっせつ》の真意《しんい》をよく理解したので、智慧《ちえ》第一といわれた。

第7回　法華経の行者——忍難《にんなん》と慈悲《じひ》に勝《すぐ》れる正法の実践者

御文

夫《そ》れ小児《しょうに》に灸治《やいと》を加《くわ》れば必《かなら》ず母をあだむ重病《じゅうびょう》の者に良薬《りょうやく》をあたうれば定《さだ》んで口《くち》に苦《にが》しとうれう、在世《ざいせ》猶《な》をしかり乃至《ないし》像末辺土《ぞうまつへんど》をや、山に山をかさね波《なみ》に波をたたみ難《なん》に難を加《くわ》へ非《ひ》に非をますべし、（中略）今末法《まつぽう》の始《はじ》め二百余年《よねん》なり況滅度後《きょうめつどご》のしるし《兆》に闘諍《とうじょう》の序《ついで》となるべきゆへに非理《ひり》を前《さき》として濁世《じょくせ》のしるし《験》に召《め》し合《あわ》せられずして流罪《るざい》乃至寿《いのち》にも・をよばんと・するなり（全二一〇二㌻・新七二一㌻）

通解

子どもに灸《きゅう》を据《す》えれば必《かなら》ず母を憎《にく》む。重病《じゅうびょう》の人に良薬《りょうやく》を与《あた》えれば決まって口《くち》に苦《にが》いと不平《ふへい》を言う。そのように釈尊《しゃくそん》の在世《ざいせ》でさえ、なお怨嫉《おんしつ》が多かった。まして像法《ぞうほう》・末法《まっぽう》において、また辺地《へんち》においてはなおさらのことである。山に山を連《つら》ね、波《なみ》に波を重《かさ》ねるように、難《なん》に難を加《くわ》え、非《ひ》に非を増《ま》すであろう。

（中略）今は末法が始まって二百年余《あま》りになる。「況滅度後《きょうめつどご》」の世《よ》の前兆《ぜんちょう》であり、闘諍《とうじょう》の世の始まりであるがゆえに、理不尽《りふじん》なことがまかり通り、濁《にご》った世である証拠《しょうこ》に、日蓮には正邪《せいじゃ》を決する場も与えられず、むしろ流罪《るざい》になり、命《いのち》まで奪《うば》われようとしている。

御文

されば日蓮が法華経の智解《ちげ》は天台《てんだい》・伝教《でんぎょう》には千万が一分《いちぶん》も及《およ》ぶ事《こと》なけれども難を忍《しの》

び慈悲《じひ》のすぐれたる事《こと》は・をそれをも・いだきぬべし（全二〇二ページ・新七二ページ）

通解

したがって、法華経を理解《りかい》する日蓮の知恵《ちえ》は、天台《てんだい》や伝教《でんぎょう》の千万分の一にも及《およ》ばないけれども、難《なん》を忍《しの》び慈悲がすぐれていることには、だれもが恐《おそ》れさえ抱《いだ》くであろう。

御文

経文《きょうもん》に我《わ》が身《み》・普合《ふごう》せり御勘気《ごかんき》をかほ《蒙》れば・いよいよ悦《よろこ》びをますべし、例《れい》せば小《しょう》乗《じょう》の菩薩《ぼさつ》の未断惑《みだんわく》なるが願兼於業《がんけんおごう》と申して・つくりたくなき罪《つみ》なれども父母等の地獄《じごく》に堕《お》ちて大苦《だいく》を・うくるを見てかた《形》のごとく其《そ》の業を造《つく》つて願《ねが》つて地獄に堕ちて苦《くるしむ》に同じ苦に代《かわ》れるを悦びとするがごとし、此《こ》れも又《また》かくのごとし当時の責《せめ》はたうべくも・なけれども未来《みらい》の悪道《あくどう》を脱《だつ》すらんと・をもえば悦びなり（全二〇三ページ・新七四ページ）

通解

経文《きょうもん》の予言《よげん》に、わが身《み》が全《まった》く合致《がっち》している。故《ゆえ》に、難《なん》を被《こうむ》れば、いよいよ喜びを増《ま》すのである。例《たと》えば、小乗経《しょうじょうきょう》の菩薩《ぼさつ》でまだ三惑《さんわく》を断《だん》じ尽《つ》くしていない者が、「願兼於業《がんけんおごう》」といって、つくりたくない罪《つみ》ではあるけれども、父母などが地獄《じごく》に堕《お》ちて大苦《だいく》を受けているのを見て、型《かた》を取るように同じ業をつくり、自《みずか》ら願《ねが》って地獄に堕ちて苦《くる》しみ、そして父母たちの苦しみに代われることを喜びとするようなものである。日蓮もまたこの通りである。現在受けている迫害《はくがい》は耐《た》えることができないほどであるが、未来《みらい》に悪道《あくどう》から脱《だつ》すると思うと喜びである。

講義

日蓮大聖人は立宗《りつしゅう》の時に、大難《だいなん》を予見《よけん》されつつ、「今度《こんど》・強盛《ごうじょう》の菩提心《ぼだいしん》を・をこして退転《たいてん》せじと願《がん》しぬ」（全二〇〇ジペー・新七〇ジペー）との深《ふか》き誓願《せいがん》を立てられ、「法華経の行者《ぎょうじゃ》」として立ち上がられました。

このことは、前回に詳《くわ》しく拝察《はいさつ》しました。立宗後《りつしゅうご》の闘争《とうそう》は、大聖人が予見《よけん》されたごとく、また、経文《きょうもん》に説《と》かれるごとく、難《なん》また難の連続でありました。

大聖人はこう仰《おお》せです。

「既《すで》に二十余年《よねん》が間・此《こ》の法門《ほうもん》を申すに日日《ひび》・月月《つきづき》・年年《ねんねん》に難かさなる、少少《しょうしょう》の難は・かずしらず大事の難・四度なり」（同）

激しく執拗《しつよう》な迫害《はくがい》は怨嫉《おんしつ》から起こる

「大事の難・四度」——大聖人御自身《ごじしん》に危害《きがい》が及《およ》び、命《いのち》も危《あや》うく、大聖人の教団《きょうだん》そのものの存続《そんぞく》も危《あや》ぶまれる大難《だいなん》が、立宗から二十年ほどで、四度もありました。言うまでもなく、松葉ケ谷《まつばがやつ》の法難《ほうなん》、伊豆流罪《いずるざい》、小松原《こまつばら》の法難〈注1〉、そして、この竜《たつ》の口《くち》の法難・佐渡《さど》流罪〈注1〉です。

竜《たつ》の口《くち》の法難《ほうなん》・佐渡《さど》流罪《るざい》は、権力《けんりょく》の手による最大規模《きぼ》の大難《だいなん》であり、大聖人御自身《ごじしん》が処刑《しょけい》の座《ざ》に臨《のぞ》まれた。さらに弟子《でし》・檀那《だんな》も謀反人《むほんにん》のように扱《あつか》われ、たまたま大聖人の法門《ほうもん》を聴聞《ちょうもん》しただけの人々も重罪《じゅうざい》に処《しょ》せられるという徹底《てってい》ぶりでした。

これらの大難は、大聖人を亡《な》き者《もの》にしようとし、大聖人一門《いちもん》の壊滅《かいめつ》を図《はか》る迫害者《はくがいしゃ》たちの「邪悪《じゃあく》な意図《いと》」と「残酷《ざんこく》さ」をあらわにしたものと言えます。

その他の難について、大聖人は「少少《しょうしょう》の難は・かずしらず」と仰《おお》せです。悪口罵詈《あっくめり》、讒《ざん》言《げん》、嫌《いや》がらせ、そして門下《もんか》に対する追放《ついほう》や罰金《ばっきん》。それらの難が「かずしらず」打《う》ち続いたのです。まさに、迫害者たちの「執拗《しつよう》さ」を示《しめ》しています。

大聖人は、これまでに御自身が遭《あ》われた難を概括《がいかつ》されつつ、これらの迫害者の本質《ほんしつ》について、経《きょう》・釈《しゃく》を引《ひ》かれながら浮《う》き彫《ぼ》りにされていきます。

その性根《しょうね》は「怨嫉《おんしつ》」です。怨嫉とは「敵視《てきし》する感情《かんじょう》」の意《い》ですが、その文字《もじ》のままに「怨《うら》み」と「嫉《ねた》み」が入《い》り混《ま》じった、まことに複雑《ふくざつ》な感情であると言えます。

当時の仏教諸派《しょは》の僧《そう》や檀那は、大聖人が法華経の行者《ぎょうじゃ》として正法《しょうほう》に生き抜《ぬ》かれている姿《すがた》に対して、どす黒《ぐろ》い「嫉み」を抱《いだ》いていた。とともに、各派《かくは》の信仰《しんこう》の誤《あやま》りを、大聖人が厳《げん》格《かく》に破折《はしゃく》されたことに対して「怨《うら》み」をあらわにしていました。

大聖人はここで、法華経からは「如来現在猶多怨嫉《にょらいげんざいゆたおんしつ》。況滅度後《きょうめつどご》」（法師品《ほっしほん》）〈注2〉、「軽賎《きょうせん》憎嫉《ぞうしつ》」（譬喩品《ひゆほん》）〈注3〉、「一切世間多怨難信《いっさいせけんたおんなんしん》」（安楽行品《あんらくぎょうほん》）〈注4〉などの経文《きょうもん》を引《ひ》かれ、末法《まっぽう》の迫害《はくがい》の根底《こんてい》に、法華経の行者《ぎょうじゃ》への「怨嫉」があることを示《しめ》されています。

また、悪口罵詈《あっくめり》、讒言《ざんげん》、追放《ついほう》・流罪《るざい》などの離間策《りかんさく》や直接的暴力《ちょくせつてきぼうりょく》など、「怨嫉」から起《お》こる陰湿《いんしつ》な迫害《はくがい》の様相《ようそう》を説《と》く法華経・涅槃経《ねはんぎょう》の経文を挙《あ》げられています。

さらに、天台《てんだい》・妙楽《みょうらく》・伝教《でんぎょう》・東春《とうしゅん》などの多くの釈《しゃく》の文《もん》〈注5〉を引かれて、迫害は「怨嫉」から起こることを強調《きょうちょう》されています。

末法における法華経の行者への迫害が激《はげ》しく、執拗《しつよう》であるのは、まさしく迫害者たちの生命に「怨嫉」が渦巻《うずま》いているからなのです。

元品《がんぽん》の無明《むみょう》が強く発動《はつどう》する時代

この怨嫉の根本《こんぽん》は、妙法に対する無知《むち》であり不信《ふしん》である「元品の無明」です。

前回の講義でも述《の》べましたが、末法《まっぽう》とは正法《しょうほう》への不信《ふしん》、謗法《ほうぼう》が渦巻《うずま》く社会である。法華経の行者《ぎょうじゃ》が正法を説《と》けば、人々の元品《がんぽん》の無明《むみょう》が悪鬼《あっき》の働《はたら》きを起《お》こす。そういう「悪鬼入其身《あっきにゅうごしん》」〈注6〉の社会なのです。

「元品の無明は第六天《だいろくてん》の魔王《まおう》〈注7〉と顕《あら》われたり」（全九九七㌻・新一三三一㌻）と仰《おお》せの通り、無明の生命が発現《はつげん》して、第六天の魔王の働きとなる。そして、「悪鬼は善人《ぜんにん》をあだむ」（同）と仰せの通り、悪鬼入其身の人々は正法の人に迫害《はくがい》を加《くわ》えていくのです。

また大聖人は、「日本一同《いちどう》に日蓮をあだみ、上一人《かみいちにん》から下万民《しもばんみん》に至《いた》るまで前代未聞《ぜんだいみもん》の瞋恚《しんに》（＝瞋《いか》りの心）を起こしている。これは、浅《あさ》い迷《まよ》いである見思惑《けんじわく》〈注8〉も断《だん》じていない凡夫《ぼんぷ》でありながら、最《もっと》も深い迷いである元品の無明を現《あらわ》している姿《すがた》である」（全九九八㌻・新一三三二㌻、趣意）とも仰せです。

謗法充満《じゅうまん》の末法では、三障四魔《さんしょうしま》も、天台《てんだい》・伝教《でんぎょう》の時代よりも一段と激《はげ》しく起こってくる。謗法が充満することで、無明の発動《はつどう》が盛《さか》んになり、貪瞋癡《とんじんち》が強く現れてくるからです。故《ゆえ》に、正法を説き弘《ひろ》める法華経の行者に対して、怨嫉《おんしつ》が盛《さか》んになる。

このことを「開目抄《かいもくしょう》」では「小児《しょうに》に灸治《やいと》を加《くわ》うれば必《かなら》ず母をあだむ重病《じゅうびょう》の者に良薬《りょうやく》をあた

うれば定《さだ》んで口《くち》に苦《にが》しとうれう」（全二〇二ジペー・新七二ジペー）と示《しめ》されています。正《ただ》しく正法《しょうほう》を弘《ひろ》める法華経の行者《ぎょうじゃ》であればこそ、人々の正法不《ふ》信《しん》の心が激《はげ》しく反発《はんぱつ》するのです。

ゆえに大聖人は、「魔《ま》競《きそ》はずは正法と知るべからず」（全一〇八七ジペー・新一四七九ジペー）と仰《おお》せられています。

小失《しょうしつ》なくも度々《たびたび》難《なん》に遭《あ》う人

大慢《だいまん》の者が正義《せいぎ》の人を陥《おとしい》れる方法は、「讒言《ざんげん》」です。対話や言論戦《げんろんせん》を避《さ》け、なおかつ、己《おのれ》の虚飾《きよしょく》を満《み》たすために、讒言・ウソという卑劣《ひれつ》な手段《しゅだん》を選択《せんたく》する。それも、ともあろうに、正義の人に「悪人《あくにん》」のレッテルをはり、中傷《ちゅうしょう》するのです。

法華経勧持品《かんじほん》には、僭聖増上慢《せんしょうぞうじょうまん》〈注9〉が、国王・大臣や社会の有力者《ゆうりょくしゃ》に向かって、法華経の行者についてのデマを捏造《ねつぞう》すると説《と》かれています。また、涅槃経《ねはんきょう》では外道《げどう》が阿闍世《あじゃせ》王《おう》〈注10〉の所へ行き、釈尊《しゃくそん》が利益《りえき》を貪《むさぼ》り、呪術《じゅじゅつ》を用《もち》いたなどと、およそ正反対《せいはんたい》のデマを作り、仏《ほとけ》を「大悪人《だいあくにん》」呼《よ》ばわりしたことが記《しる》されている。

賢明《けんめい》な社会であれば、当然《とうぜん》、そうしたウソを見破《みやぶ》る指導者が出てきます。大聖人は、天《てん》台《だい》、伝教《でんぎょう》の時代は像法《ぞうほう》時代で、いろいろな難《なん》はあったが、最後は国主《こくしゅ》が是非《ぜひ》を判断《はんだん》したゆえに、それ以上の迫害《はくがい》はなかったと仰《おお》せです。

しかし、末法《まっぽう》では、悪鬼入其身《あっきにゅうごしん》の僧《そう》らによって仏法を歪《ゆが》められた社会にあって、指導者には善悪《ぜんあく》を判断する能力《のうりょく》も意志《いし》もなくなっていく。ゆえに大聖人に対して、国主らは「非理《ひり》を前《さき》とし……召《め》し合《あわ》せられずして」——道理《どうり》に反《はん》した理《り》不尽《ふじん》な政道《せいどう》を行《おこな》い、公正《こうせい》な弁明《べんめい》の機会《きかい》を与《あた》えることもなく、一方的に流罪《るざい》・死罪《しざい》に処《しょ》して、迫害に及《およ》んだと言われています。

民主主義の現代で言えば、〝真実を見極《みきわ》められない国主〟とは、ウソを容認《ようにん》してしまう社会、デマを傍観《ぼうかん》してしまう社会の存在《そんざい》に通じるといえます。

いかなるウソやデマも、そのまま放置《ほうち》すれば、結局《けっきょく》は、人々の心の中に沈殿《ちんでん》して残《のこ》ります。ですから、ウソやデマと戦《たたか》えない社会は、必《かなら》ず精神《せいしん》が衰退《すいたい》し、歪んでしまう。それ故《ゆえ》に、末法広宣流布《こうせんるふ》は、人々の無明《むみょう》をはね返して、人々の精神の奥底《おうてい》を破壊《はかい》する謗法《ほうぼう》を責《せ》め抜《ぬ》いていく、強く鋭《するど》い言論《げんろん》の戦《たたか》いが絶対《ぜったい》に重要《じゅうよう》となっていく。その戦いがあってこそ、社会に健全《けんぜん》な精神《せいしん》を取《と》り戻《もど》すことができるからです。

デマ、讒言《ざんげん》という一例《いちれい》をもって述《の》べましたが、いずれにしても、転倒《てんとう》した社会にあって正義《せいぎ》を叫《さけ》ぶことは並大抵《なみたいてい》なことではありません。むしろ、真実《しんじつ》を叫べば叫ぶほど、迫害《はくがい》の嵐《あらし》は強まる。例《たと》えば、人々が天動説《てんどうせつ》を信じきっている社会の中で、ただ一人《ひとり》、地動説《ちどうせつ》を唱《とな》えるようなものです。

正義の人は、執拗《しつよう》で理不尽《りふじん》な迫害を受ける。また、それでこそ正義の人である。

大聖人は、末法《まっぽう》の法華経の行者《ぎょうじゃ》の条件《じょうけん》として、次のように述べられています。

「小失《しょうしつ》なくとも大難《だいなん》に度度《たびたび》値《あ》う人をこそ滅後《めつご》の法華経の行者とはしり候《そうら》はめ」（全二九七㌻・新二二八㌻）

法華経の行者には、何一つ失《とが》がなくとも、大難が押《お》し寄《よ》せるのです。その様《さま》は、「開目《かいもく》抄《しょう》」の「山に山をかさね波《なみ》に波をたたみ難に難を加《くわ》へ非《ひ》に非をますべし」（全二〇二㌻・新七二㌻）との仰《おお》せに示《しめ》されて余《あま》りあります。

このように大難が起《お》こる構図《こうず》をもとより承知《しょうち》のうえで、大聖人は法華経の行者として一人《ひとり》立たれた。そして二十年に及《およ》ぶ大闘争《だいとうそう》を経《へ》て、今、流罪地《るざいち》の佐渡《さど》にあっても正義《せいぎ》を説《と》かれ、師子吼《ししく》されているのです。

忍難《にんなん》と慈悲《じひ》の力《ちから》で法を体現

大聖人は、御自身《ごじしん》の法華経の行者《ぎょうじゃ》としての御境地《ごきょうち》を次のように述《の》べられています。

「されば日蓮が法華経の智解《ちげ》は天台《てんだい》・伝教《でんぎょう》には千万が一分《いちぶん》も及《およ》ぶ事《こと》なけれども難を忍《しの》び慈悲のすぐれたる事は・をそれをも・いだきぬべし」（全二〇二ジベー・新七二ジベー）

法華経に対する智解の深さは、仮《かり》に、天台・伝教のほうが勝《まさ》っているとしても、「忍難」と「慈悲」においては、はるかに大聖人が勝っているとの仰《おお》せです。

もちろん、末法《まっぽう》の弘通《ぐつう》にあっても、法華経に対する「智解」、すなわち道理《どうり》を尽《つ》くして、理路整然《りろせいぜん》たる教義《きょうぎ》の展開《てんかい》から語《かた》りゆくことは重要《じゅうよう》です。大聖人も、理論的解明《りろんてきかいめい》の功績《こうせき》を天台・伝教に譲《ゆず》られることはあっても、その必要性《ひつようせい》を否定《ひてい》されているわけではありません。

しかし、それ以上に重要なことがある。それは、悪世《あくせ》末法に現実に法を弘《ひろ》め、最《もっと》も苦《くる》しんでいる人々を救《すく》い切っていく「忍難《にんなん》」と「慈悲《じひ》」です。

この「忍難」と「慈悲」は、表裏一体《ひょうりいったい》です。民衆救済《みんしゅうきゅうさい》の慈悲が深《ふか》いからこそ、難を忍《しの》んで法を弘《ひろ》めていく力《ちから》も勝《すぐ》れているのです。

「難を忍び」とは、決《けっ》して一方的な受《う》け身《み》の姿《すがた》ではありません。末法《まっぽう》は「悪《あく》」が強い時代です。その悪を破《やぶ》り、人々を目覚《めざ》めさせる使命《しめい》を自覚《じかく》した人は、誰《だれ》であれ、難と戦《たたか》い続ける覚悟《かくご》を必要《ひつよう》とするからです。その根底《こんてい》には、末法の人々に謗法《ほうぼう》の道を歩《あゆ》ませてはならないという厳父《げんぷ》の慈悲があります。その厳愛《げんあい》の心こそが、末法の民衆救済に直結《ちょっけつ》します。

願兼於業《がんけんおごう》の悦《よろこ》びの信心

慈悲は忍難の原動力《げんどうりょく》であり、忍難は深き慈悲の証明《しょうめい》です。そのことを示《しめ》すために、大聖人は「願兼於業」〈注11〉の法理《ほうり》について言及《げんきゅう》されています。

大聖人は、ここで、御自身《ごじしん》が受けられている大難《だいなん》は、実《じつ》は衆生《しゅじょう》を救う願《ねが》いのために、あえて苦《くる》しみを受けていく菩薩《ぼさつ》の願兼於業と同じであるとされています。そして、菩薩が衆生の苦《くる》しみを代わりに受けていくことを喜びとしているように、大聖人も今、大難《だいなん》という苦しみを受けているが、悪道《あくどう》を脱《だつ》する未来《みらい》を思えば悦《よろこ》びである、と言われている。

願兼於業《がんけんおごう》こそ悦びであるとの仰《おお》せは、本抄の一番最後の結論部分《けつろんぶぶん》と一致《いっち》します。

「日蓮が流罪《るざい》は今生《こんじょう》の小苦《しょうく》なれば・なげかしからず、後生《ごしょう》には大楽《だいらく》を・うくべければ大《おおい》に悦ばし」（全二三七ページ・新一二一ページ）

願兼於業とは、仏法における宿命転換論《しゅくめいてんかんろん》の結論です。端的《たんてき》に言えば、「宿命を使命《しめい》に変える」生き方です。

人生に起《お》きたことには必《かなら》ず意味《いみ》がある。また、意味を見いだし、見つけていく。それが仏法者の生き方です。意味のないことはありません。どんな宿命も、必ず、深《ふか》い意味があります。

それは、単《たん》なる心の在《あ》り方《かた》という次元《じげん》ではない。一念《いちねん》の変革《へんかく》から世界の変革が始まる。これは仏法の方程式《ほうていしき》です。宿命をも使命と変えていく強き一念は、現実の世界を大きく転換していくのです。その一念の変革によって、いかなる苦難《くなん》も自身の生命を鍛《きた》え、作り上げていく悦びの源泉《げんせん》と変わっていく。悲哀《ひあい》をも創造《そうぞう》の源泉としゆくところに、仏法者の生き方があるのです。

その真髄《しんずい》の生き方を身《み》をもって教《おし》えられているのが、日蓮大聖人の「法華経の行者《ぎょうじゃ》」としての振《ふ》る舞《ま》いにほかならない。

「戦《たたか》う心」が即《そく》「幸福」への直道《じきどう》です。

戦う中で、初めて生命は鍛《きた》えられ、真《しん》の創造的《そうぞうてき》生命が築《きず》かれていきます。また、いかなる難《なん》があっても微動《びどう》だにせぬ正法《しょうほう》への信《しん》を貫《つらぬ》いてこそ、三世《さんぜ》永遠《えいえん》に幸福の軌道《きどう》に乗《の》ることができる。一生成仏《いっしょうじょうぶつ》とは、まさに、その軌道を今世《こんぜ》の自分自身の人生の中で確立《かくりつ》することにほかなりません。「戦い続ける正法の実践者《じっせんしゃ》」こそが、大聖人が法華経を通して教えられている究極《きゅうきょく》の人間像と拝《はい》したい。

その境地《きょうち》に立てば、難こそが人間形成《けいせい》の真の基盤《きばん》となる。「魔競《まきそ》はずは正法と知るべからず」（全一〇八七ページ・新一四七九ページ）と覚悟《かくご》して忍難《にんなん》を貫く正法の実践者は、必《かなら》ず妙法の体現者《たいげんしゃ》と現《あらわ》れる。そして「難来《きた》るを以《もっ》て安楽《あんらく》と意得可《こころうべ》きなり」（全七五〇ページ・新一〇四五ページ）、「大難《だいなん》来りなば強盛《ごうじょう》の信心弥弥悦《いよいよよろこ》びをなすべし」（全一四四八ページ・新一七二〇ページ）という大境涯《だいきょうがい》に生きていくことができるのです。

大聖人は、この「開目抄《かいもくしょう》」で、その御境地《ごきょうち》を門下《もんか》に、また日本中の人に厳然《げんぜん》と示《しめ》されることによって、万人《ばんにん》の無明《むみょう》の眼《まなこ》を開《ひら》こうとされた。そして、法華経の行者《ぎょうじゃ》の真髄《しんずい》の悦《よろこ》びを語《かた》られていると拝《はい》することができます。

注

〈注1〉【松葉ケ谷《まつばがやつ》の法難《ほうなん》、伊豆流罪《いずるざい》、小松原《こまつばら》の法難、竜《たつ》の口《くち》の法難・佐渡《さど》流罪】 松葉ケ谷の法難は、文《ぶん》応《おう》元年（一二六〇年）に「立正安国論《りっしょうあんこくろん》」を提出《ていしゅつ》してほどなく起《お》こった難で、念仏者《ねんぶつしゃ》らが鎌倉《かまくら》・松葉ケ谷にあった日蓮大聖人の草庵《そうあん》を襲撃《しゅうげき》した。伊豆流罪は、その翌年の弘長《こうちょう》元年（一二六一年）に執権《しっけん》・北条長時《ほうじょうながとき》が父・極楽寺入道重時《ごくらくじにゅうどうしげとき》らの意も汲《く》んで大聖人を伊東《いとう》へ流罪したこと。小松原の法難は、文永《ぶんえい》元年（一二六四年）に大聖人が故郷《こきょう》の安房《あわ》（千葉県南部）の東条《とうじょう》に弘教《ぐきょう》に赴《おもむ》かれていた時、地《じ》頭《とう》の東条景信《かげのぶ》が襲撃してきたこと。竜の口の法難・佐渡流罪は、文永八年（一二七一年）九月十日に平左衛門尉《へいのさえもんのじょう》が召喚《しょうかん》し形式的に取り調《しら》べ、翌々日十二日に突然《とつぜん》、大聖人を逮捕《たいほ》し、その夜中に隠密裏《おんみつり》に連れ出し竜の口で斬首《ざんしゅ》しようとしたが失敗《しっぱい》し、その後、十月末に佐渡流罪に処《しょ》し、約二年半、佐渡に流されたこと。

〈注2〉「如来《にょらい》の現《げん》に在《いま》すすら猶《な》お怨嫉《おんしつ》多し。況《いわ》んや滅度《めつど》の後《のち》をや」（法華経三六二㌻）。法華経を弘《ひろ》めるのは、釈尊《しゃくそん》の在世《ざいせ》ですら怨嫉による難《なん》が多いのであるから、釈尊の滅後《めつご》には更に多いのは当然である、との意。

〈注3〉「軽賤憎嫉《きょうせんぞうしつ》して」（法華経一九九㌻）。軽《かろ》んじ、いやしめ、憎《にく》み、嫉《ねた》むこと。

〈注4〉「一切世間《いっさいせけん》に怨《あだ》多くして信じ難《がた》く」（法華経四四三㌻）。社会の中に敵視《てきし》する者が多く、信じがたい、の意。

〈注5〉天台大師《てんだいだいし》の『法華文句《ほっけもんぐ》』の「何《いか》に況《いわん》や未来をや。理《り》、化《け》し難《がた》きに在《あ》るなり」の文、妙楽大師《みょうらくだいし》の『法華文句記』の「障《さわ》り未《いま》だ除《のぞ》かざる者を怨《おん》と為《な》し、聞くことを喜ばざる者を嫉《しつ》と名づく」の文、さらに伝教《でんぎょう》大師の『顕戒論《けんかいろん》』および『法華秀句《ほっけしゅうく》』の文、智度法師《ちどほっし》の『法華文句東春《とうしゅん》』の文が引かれている。

〈注6〉**【悪鬼入其身《あっきにゅうごしん》】**既出（本書一三四㌻参照）。

〈注7〉**【第六天《だいろくてん》の魔王《まおう》】**欲界《よっかい》の最上《さいじょう》にある第六の天に住し、仏道修行《しゅぎょう》を妨《さまた》げる魔王。欲界の衆生《しゅじょう》を支配《しはい》し、自在《じざい》に操《あやつ》るので他化自在天王《たけじざいてんのう》とも呼《よ》ばれる。

〈注8〉**【見思惑《けんじわく》】**後天的《こうてんてき》に形成《けいせい》される思想《しそう》・信条《しんじょう》のうえでの迷《まよ》いである見惑《けんわく》と、生まれながらにもつ感覚《かんかく》・感情の迷いである思惑《しわく》のこと。見思惑・塵沙惑《じんじゃわく》・無明惑《むみょうわく》の三惑《さんわく》のうち、最《もっと》も表面的なもので、一般的《いっぱんてき》な仏道修行の初期の段階で断滅《だんめつ》されるものとされる。

〈注9〉【僭聖増上慢《せんしょうぞうじょうまん》】聖人《しょうにん》を装《よそお》って人々からの尊敬《そんけい》を受けながら、悪心《あくしん》を起《お》こして法華経の行者《ぎょうじゃ》を迫《はく》害《がい》する者。法華経勧持品《かんじほん》の二十行の偈《げ》（法華経四一七ジベー）では、滅後悪世《めつごあくせ》で法華経を弘通《ぐつう》する人を迫害する者が示《しめ》されるが、それを妙楽大師《みょうらくだいし》が『法華文句記《ほっけもんぐき》』で俗衆増上慢《ぞくしゅう》（在家《ざいけ》の迫害者）、道《どう》門《もん》増上慢（出家の迫害者）、僭聖増上慢の三種類に分類《ぶんるい》したものの一つ。

〈注10〉【阿闍世王《あじゃせおう》】釈尊在世《しゃくそんざいせ》から滅後《めつご》にかけての中インド・マガダ国の王。釈尊に敵対《てきたい》していた。提婆達多《だいばだった》にそそのかされ、釈尊に帰依《きえ》し外護《げご》していた父を幽閉《ゆうへい》して死亡させ、自《みず》ら王位についた。その後も、提婆達多にそそのかされて、象《ぞう》に酒を飲ませ、けしかけて釈尊や弟子《でし》たちを殺《ころ》そうとしたが失敗《しっぱい》した。後に父を殺した罪《つみ》に悩《なや》み、全身に大悪瘡《だいあくそう》（悪いできもの）ができた際、大臣・耆婆《ぎば》の勧《すす》めによって釈尊のもとに赴《おもむ》き、その説法《せっぽう》を聞いて癒《い》えたという。

〈注11〉【願兼於業《がんけんおごう》】「願《ねがい》、業を兼《か》ぬ」と読み下す。菩薩《ぼさつ》が、本来は仏道修行《しゅぎょう》の清浄《せいじょう》な果報《かほう》を受けるはずであるのに、衆生《しゅじょう》を救《すく》うためにあえてそれを捨《す》てて、誓願《せいがん》を立《た》てて悪世《あくせ》に生まれるが、業によって悪世に生まれた人々と同じ苦悩《くのう》を受けながら、妙法を弘通《ぐつう》すること。妙楽大師《みょうらくだいし》の『法華文句記《ほっけもんぐき》』で、法師品《ほっしほん》の文を注釈《ちゅうしゃく》した言葉。

第8回　法華《ほっけ》の深恩《じんおん》——成仏の大法弘《ひろ》める法華経の行者を守れ！

御文

但《ただ》し世間《せけん》の疑《うたがい》といゐ自心《じしん》の疑と申しいかでか天扶《てんたす》け給《たま》わざるらん、諸天《しょてん》等の守護神《しゅごしん》は仏前《ぶつぜん》の御誓言《ごせいごん》あり法華経の行者《ぎょうじゃ》には・さる《猨》になりとも法華経の行者とがうして早早《そうそう》に仏前の御誓言を・とげんとこそをぼすべきに其《そ》の義《ぎ》なきは我《わ》が身《み》・法華経の行者にあらざるか、此《こ》の疑は此の書の肝心《かんじん》・一期《いちご》の大事なれば処処《しょしょ》にこれをかく上疑を強くして答《こたえ》をかまうべし（全二〇三ページ・新七四ページ）

通解

ただし、世間《せけん》が疑《うたが》っていることであり、自分も心に疑っていることだが、どうして諸天《しょてん》は日蓮を助《たす》けないのか。諸天らの守護神《しゅごしん》は、仏《ほとけ》の前で法華経の行者《ぎょうじゃ》を守護すると誓願《せいがん》している。法華経の行者に対しては、たとえ猿《さる》であっても、法華経の行者と讃《たた》えて、速《すみ》やかに仏の前で行《おこな》った誓願を遂《と》げようと思うべきなのに、それが果《は》たされないのは、この私が法華経の行者ではないのであろうか。この疑いは、この開目抄《かいもくしょう》の肝心《かんじん》であり、日蓮一生涯《いっしょうがい》の重大事《じゅうだいじ》であるので、随《ずい》所《しょ》にこれを書き、そして、疑いをますます強くして答えを示《しめ》していきたい。

御文

されば諸経《しょきょう》の諸仏《しょぶつ》・菩《ぼ》薩《さつ》・人天《にんてん》等は彼彼《かれがれ》の経経《きょうぎょう》にして仏にならせ給《たま》うやうなれども実《じつ》には法華経にして正覚《しょうかく》なり給へり、釈迦《しゃか》諸仏の衆生無辺《しゅじょうむへん》の総願《そうがん》は皆此《みなこ》の経にをいて満足《まんぞく》す今者已満足《こんじゃいまんぞく》の文《もん》これなり、予《よ》事《こと》の由《よし》を・をし計《はか》るに華《け》厳《ごん》・観経《かんぎょう》・大日経《だいにちきょう》等をよみ修行《しゅぎょう》する人をば・その経経《きょうぎょう》の仏・菩薩《ぼさつ》・天《てん》等・守護《しゅご》し給《たま》らん疑《うたがい》あるべからず、但《ただ》し大日経《だいにちきょう》・観経《かんきょう》等をよむ行者《ぎょうじゃ》等・法華経の行者に敵対《てきたい》をなさば彼《か》の行者をすてて法華経の行者を守護すべし、（中略）日蓮案《あん》じて云《いわ》く法華経の二処《にしょ》・三会《さんえ》の座《ざ》にましまし、日月《にちがつ》等の諸天《しょてん》は法華経の行者出来《しゅったい》せば磁石《じしゃく》の鉄《てつ》を吸《す》うがごとく月の水に遷《うつ》るがごとく須臾《しゅゆ》に来《きた》つて行者に代《かわ》り仏前《ぶつぜん》の御誓《おんちかい》をはたさせ給べしとこそをぼへ候《そうろう》にいままで日蓮をとぶらひ給はぬは日蓮・法華経の行者にあらざるか、されば重《かさ》ねて経文《きょうもん》を勘《かんが》えて我《わ》が身《み》にあてて、身の失《とが》をしるべし（全二一六㌻～二一七㌻・新九二㌻～九三㌻）

通解

以上のことから、諸経《しょきょう》に説《と》かれている諸仏《しょぶつ》や菩薩や人界《にんかい》・天界《てんかい》などの衆生《しゅじょう》は、それぞれの経において仏《ほとけ》に成《な》ったようであるが、実際《じっさい》には法華経によって真《しん》の悟《さと》りを得《え》たのである。釈迦仏《しゃかぶつ》や諸仏が立てた、すべての衆生を苦《くる》しみから救《すく》おうとする誓願《せいがん》は、すべて法華経において成就《じょうじゅ》したのである。法華経方便品《ほうべんぼん》の「今、ついに満足《まんぞく》した」との経文《きょうもん》はこのことである。私がこうしたいきさつから考えると、華厳経《けごんきょう》や観無量寿経《かんむりょうじゅきょう》や大日経などを読み修行する人を、それぞれの経《きょう》に説《と》かれている仏《ほとけ》や菩薩《ぼさつ》や諸天《しょてん》などが守護《しゅご》することは疑《うたが》いない。ただし、大日経《だいにちきょう》や観無量寿経《かんむりょうじゅきょう》などを読む行者《ぎょうじゃ》が、法華経の行者に敵対《てきたい》したならば、仏菩薩たちはそれらの行者を捨《す》てて法華経の行者を守護するはずである。(中略)日蓮はこう思う。法華経の二処三会《にしょさんえ》の場にいた日《にっ》天《てん》・月天《がってん》などの諸天は、法華経の行者が現《あらわ》れたならば、磁石《じしゃく》が鉄《てつ》を吸《す》い寄《よ》せるように、月が水《み》面《も》に身《み》を映《うつ》すように、すぐやって来て、行者に代わって難《なん》を受け、守護するという仏の前での誓《ちか》いを果《は》たすはずであると思っていたが、今まで日蓮を訪《たず》ねてこないのは、日蓮が法華経の行者ではないということか。それならば、重《かさ》ねて経文《きょうもん》を検討《けんとう》してわが身《み》に引《ひ》き当《あ》てて、自身の誤《あやま》りを知ろうと思う。

講義

法華経の行者の要件《ようけん》

これまで、「末法《まっぽう》の法華経の行者」としての日蓮大聖人の御境地《ごきょうち》を拝察《はいさつ》してきました。

それを要約《ようやく》すると、まず末法の法華経の行者である第一の要件として「誓願《せいがん》」を挙《あ》げられています。成仏《じようぶつ》の法としての法華経を、自分も何があっても信じ抜《ぬ》き、また、他にも弘《ひろ》め抜いていくという誓願《せいがん》です。

次に説《と》かれている要件《ようけん》は「忍難《にんなん》」です。誓願を貫《つらぬ》き、いかなる大難《だいなん》にも耐《た》え抜いていってこそ法華経の行者《ぎようじや》です。ただし「難を忍《しの》ぶ」といっても、単《たん》に受《う》け身《み》で耐えるだけではなく、いかなる大難も乗《の》り越《こ》え、勝ち越えていく戦《たたか》いを貫くことです。

さらに大聖人は、忍難とともに「慈悲《じひ》」を挙《あ》げられています。忍難の力《ちから》は慈悲から起《お》こるからです。何があっても末法の全民衆《ぜんみんしゆう》を救済《きゆうさい》しようと立ち上がった法華経の行者の「慈悲」の前には、いかなる大難も「風の前の塵《ちり》なるべし」（全二三二ジペー・新一一四ジペー）です。

そして、経文《きようもん》に説かれた通りの実践《じつせん》をしている法華経の行者は、悪世《あくせ》ゆえのあらゆる苦《く》難《なん》を吹《ふ》き飛《と》ばして「悦《よろこ》び」の境地《きようち》にあることを、願兼於業《がんけんおごう》を例として示《しめ》されています。

「世間の疑《うたがい》」と「自《じ》心《しん》の疑」

「誓願」「忍難」「慈悲」「悦び」――この大いなる御境地にあられた大聖人が、法華経の行者《ぎょうじゃ》としての御確信《ごかくしん》に立たれていたことは言うまでもありません。

しかし大聖人は、このように末法《まっぽう》の法華経の行者の御確信を示《しめ》されたうえで、〝大いなる疑《うたが》い〟を提示《ていじ》されていきます。

「但《ただ》し世間《せけん》の疑《うたがい》といゐ自心《じしん》の疑と申しいかでか天扶《てんたす》け給《たま》わざるらん……其《そ》の義《ぎ》なきは我《わ》が身《み》・法華経の行者にあらざるか」（全二〇三ジペー・新七四ジペー）

――〝諸天《しょてん》がどうして、法華経の行者である日蓮大聖人を守護《しゅご》しないのか。諸天善神《しょてんぜんじん》らは、仏《ほとけ》の前で、末法《まっぽう》の法華経の行者がたとえいかなる人物《じんぶつ》であろうと、法華経を行《ぎょう》ずる者であるならば、必《かなら》ず守護するとの誓《ちか》いを述《の》べたではないか。にもかかわらず守護がないのは、大聖人御自身《ごじしん》が法華経の行者ではないからか〟――と。

この「疑い」は、本抄御執筆《ごしっぴつ》の背景《はいけい》と深《ふか》い関係があります。

すなわち、文永《ぶんえい》八年（一二七一年）九月十二日の竜《たつ》の口《くち》の法難《ほうなん》と、それに続く佐渡流罪《さどるざい》は、幕府《ばくふ》による大聖人の教団《きょうだん》全体への大弾圧《だいだんあつ》であったため、大聖人門下《もんか》の多くの人々も迫害《はくがい》を受けています。所領没収《しょりょうぼっしゅう》や追放《ついほう》、罰金《ばっきん》などの迫害を受けて、鎌倉《かまくら》の多くの門下たちが退転《たいてん》してしまった。

「弟子《でし》等・檀那《だんな》等の中に臆病《おくびょう》のもの大体《だいたい》或《あるい》はをち或は退転《たいてん》の心あり」（全一二二四ジペー・新一六三五ジペー）

「御勘気《ごかんき》の時・千が九百九十九人は堕《お》ちて候《そうろう》」（全九〇七ジペー・新一二二三ジペー）

そうした状況《じょうきょう》の中で、〝大聖人が法華経の行者《ぎょうじゃ》であるならば、なぜ諸天《しょてん》の加護《かご》がないのか〟という非難《ひなん》が世間《せけん》から浴《あ》びせられます。あるいは、退転していった門下《もんか》たちも同じ疑《ぎ》問《もん》を持っていたのかもしれない。残《のこ》った門下たちにしても、日蓮大聖人を最後まで信じ抜《ぬ》いて戦《たたか》っていましたが、世間や退転者からの非難に対して反論《はんろん》する力《ちから》をもっていません。悔《くや》しい思いをしながら、仏法の正《ただ》しき法理《ほうり》の解答《かいとう》を待《ま》ち望《のぞ》んでいた弟子たちもいたかもしれない。こうした内外の疑問に対して明確《めいかく》に答えることは、万人《ばんにん》の心の闇《やみ》を晴《は》らし、確信《かくしん》を与《あた》えるために不可欠《ふかけつ》なことでありました。その疑網《ぎもう》を晴らしていくことに本抄の大部分が割《さ》かれていきます。

ここで大聖人は、「世間の疑《うたがい》」と並《なら》べて「自心《じしん》の疑」とも言われています。これは、当然、大聖人御自身《ごじしん》が迷《まよ》いや不信《ふしん》に通じる疑《うたが》いを持たれているということではありません。

世間の人々や門下たちの疑いは、大聖人が法華経の行者ではないのではないか、というものでした。それに対して、大聖人の御胸中《ごきょうちゅう》には、当然、御自身《ごじしん》こそが末法《まっぽう》の法華経の行《ぎょう》者《じゃ》であるとの御《ご》確信《かくしん》が赫々《かっかく》と燃《も》え盛《さか》っておられた。

であればこそ、そこに「答えるべき課題《かだい》」がある。それは、諸天善神《しょてんぜんじん》が加護《かご》の働《はたら》きを起《お》こさないのは何故《なにゆえ》か、という問題です。

諸天善神による法華《ほっけ》守護《しゅご》をめぐる問題こそが、大聖人の「自心《じしん》の疑《うたがい》」に当《あ》たると拝《はい》することができます。

大聖人は法華経の行者ではないのではないかという「世間《せけん》の疑」と、諸天善神が法華守護の働きを起こさないのは何故かという「自心の疑」――この二つは切《き》り離《はな》せない一体《いったい》の問題です。

「此《こ》の書の肝心《かんじん》・一期《いちご》の大事」

大聖人は、この二つの面を持つ問題について「此の疑は此の書の肝心・一期の大事」と仰《おお》せです。すなわち、この疑いこそ「開目抄《かいもくしょう》」の根幹《こんかん》であり、大聖人御生涯《ごしょうがい》の闘争《とうそう》における最重要事《さいじゅうようじ》であるとまで仰《おお》せです。

この疑《うたが》いの厚《あつ》い雲《くも》を突《つ》き抜《ぬ》ければ、雲海《うんかい》を見下《みお》ろし、赫々《かっかく》と太陽が照《て》らしゆく、大確信《だいかくしん》の青空が広がります。この疑いの解決《かいけつ》こそが、「人本尊開顕《にんほんぞんかいけん》」に至《いた》るための道筋《みちすじ》になるのです。それ故《ゆえ》に、「疑《うたがい》を強くして答《こたえ》をかまうべし」――むしろ疑いをさらに強めて、答えを示《しめ》そう――と言われています。問題を鮮明《せんめい》にすることによって、真《しん》の解決を目指《めざ》されているのです。

これ以降《いこう》の本抄の展開《てんかい》を拝《はい》すると、〝大いなる疑い〟を強めながら解決を示されていく論述《ろんじゅつ》は、二つの柱《はしら》から構成《こうせい》されています。

一つは、二乗《にじょう》や菩薩《ぼさつ》・天《てん》・人《にん》などが法華経において初めて成仏《じょうぶつ》できるようになったという「法華《ほっけ》の深恩《じんおん》」を明《あ》かし、にもかかわらず彼《かれ》らが大聖人を守護《しゅご》するために現《あらわ》れないのは、大聖人が法華経の行者《ぎょうじゃ》ではないからかと、あえて「世間《せけん》の疑」を強めていきます（全二〇三ジペー～二一七ジペー・新七四ジペー～九三ジペー）。

ここで疑いを強める形《かたち》をとられていますが、実《じつ》は「諸天善神《しょてんぜんじん》の守護」の本質《ほんしつ》を論《ろん》じられているのです。それは、「成仏の法」である法華経に対する「報恩《ほうおん》」として法華経守護の力《ちから》が発揮《はっき》されるということです。また、これによって、法華経の行者《ぎょうじゃ》とは「成仏《じょうぶつ》の法を行《ぎょう》ずる人」であるという本質が示《しめ》されていきます。

二つは、菩薩《ぼさつ》に滅後《めつご》の法華《ほっけ》弘通《ぐつう》の誓願《せいがん》を勧《すす》める宝塔品《ほうとうほん》の三箇《さんか》の鳳詔《ほうしょう》〈注1〉、凡夫《ぼんぷ》成仏を説《と》く提婆達多品《だいばだったほん》の二箇《にか》の諫暁《かんぎょう》〈注2〉、三類《さんるい》の強敵《ごうてき》を説く勧持品《かんじほん》二十行の偈《げ》〈注3〉などを考察《こうさつ》されていきます。これによって、大聖人御自身《ごじしん》の実践《じっせん》が法華経に説かれている通りの実践（法華経身読《しんどく》）であることが示されるとともに、成仏の法である法華経の弘通を妨《さまた》げる謗法《ほうぼう》が今の日本国には満《み》ちているという「謗法の醜面《しゅうめん》」（全二二七ページ・新九三ページ）が明《あ》かされていきます（全二二七ページ～二三一ページ・新九三ページ～一一三ページ）。

これは、大聖人が法華経の行者であられるという御確信《ごかくしん》を法華経の経文《きょうもん》に照《て》らして確認《かくにん》されつつ、それにもかかわらず、なぜ諸天《しょてん》の守護《しゅご》がないのかという「自心《じしん》の疑《うたがい》」を強められているのです。

その上で、「自心の疑」に対する答えがいくつかの観点《かんてん》から示されますが、これについては改《あらた》めて考察《こうさつ》します。とりあえず、その要点《ようてん》を述《の》べれば、諸天善神《しょてんぜんじん》が謗法充満《じゅうまん》の国土《こくど》全体を捨《す》て去《さ》っているからこそ諸天の守護が働《はたら》かないという点にある。

しかし、このことはまだ一応《いちおう》の答えです。真《しん》の答えは「詮《せん》ずるところは天《てん》もすて給《たま》え諸《しょ》難《なん》にもあえ身命《しんみょう》を期《ご》とせん」から始まる大聖人の大願《だいがん》を明《あ》かした一節《いっせつ》にあります。（全二三二ジペー・新一一四ジペー）つまり諸天《しょてん》の加護《かご》があるかないかが問題ではなく、大難《だいなん》があっても大願を貫《つらぬ》き謗法《ほうぼう》の国土を救《すく》っていく戦《たたか》いをやめない人こそ法華経の行者《ぎょうじゃ》なのです。

結局《けつきょく》、この第二の論述《ろんじゅつ》を通して、法華経の行者とは「成仏《じょうぶつ》の法に背《そむ》く謗法の悪《あく》と戦う人」である故《ゆえ》に大難があることが明《あき》らかになっていくのです。

また、そのような真の法華経の行者にこそ、真の諸天の守護《しゅご》はあるのです。

この点については、以上の二つの論述のうち、第一の点を少し詳《くわ》しく拝察《はいさつ》してから述《の》べたいと思います。

二乗《にじょう》に対する法華経の深恩《じんおん》

第一の論述において、大聖人は、最初に二乗、次いで菩薩《ぼさつ》・天・人《にん》らが、法華経に深恩があることを明確《めいかく》にされていきます。

すなわち、彼らは、法華経に至《いた》ってはじめて成仏《じょうぶつ》することができた。その法華経の大恩《だいおん》に報《ほう》じるために、法華経を行《ぎょう》ずる者を守護《しゅご》することを仏《ほとけ》の前で誓《ちか》っている。だから、末法《まっぽう》の法華経の行者《ぎょうじゃ》の前に出現するのは当然《とうぜん》ではないか、という論点《ろんてん》です。大聖人は、「報恩《ほうおん》」の大切さから説《と》き起《お》こされています（全二〇三ページ十五行目〜・新七四ページ十一行目〜）。

恩に報じることは、人間の最高の徳目《とくもく》です。反対に忘恩《ぼうおん》の者は、必《かなら》ず人間としてのあるべき軌道《きどう》を踏《ふ》み外《はず》す。真《しん》の人間の輝《かがや》きは、恩を知り、恩を報ずる中にあります。

まして、法華経の会座《えざ》に連《つら》なった二乗《にじょう》・菩薩《ぼさつ》・天《てん》らが、法華経への深恩《じんおん》を忘《わす》れるはずがないではないか、と論《ろん》を進められていきます。

最初に取り上げられているのは、二乗です。ここでは、二乗は成仏できないと徹底的《てっていてき》に弾呵《だんか》された爾前権経《にぜんごんきょう》と、二乗の成仏を実現した法華経とを対比《たいひ》されています。

法華経以前の経典《きょうてん》で、釈尊《しゃくそん》が声聞《しょうもん》たちを呵責《かしゃく》する厳《きび》しさは容赦《ようしゃ》のないものでした。大聖人は分《わ》かりやすく、爾前経で成仏できないと責《せ》められた迦葉尊者《かしょうそんじゃ》の泣く声は三千世界に響《ひび》きわたったと仰《おお》せられている。それは、「利他《りた》」を忘れ「自利《じり》」のみに生きる二乗の心の無明《むみょう》を断《た》ち切《き》るための仏《ほとけ》の大慈悲《だいじひ》の弾呵です。

そして、声聞《しょうもん》たちは、法華経で「不死《ふし》の良薬《りょうやく》」（全二〇三㌻・新七四㌻）を得《え》ます。二乗《にじょう》の不成仏《ふじょうぶつ》は仏道修行者《ぶつどうしゅぎょうしゃ》としての死です。しかし、法華経において二乗は、灰身滅智《けしんめっち》〈注4〉を超《こ》えて妙法の智慧《ちえ》を得ます。ここに仏道修行者として蘇生《そせい》するのです。故《ゆえ》に法華経は「不死の良薬」なのです。

法華経で成仏が許《ゆる》された四大《しだい》声聞〈注5〉は誓《ちか》います。「私たちは、真《しん》の声聞となった」（法華経二三五㌻、通解）と。すなわち、仏《ほとけ》の声を表面的《ひょうめんてき》に聞いて浅《あさ》く理解《りかい》していた、これまでの二乗の立場を超えて、仏の真の智慧を深《ふか》く聞き取り、その仏の声を一切衆生《いっさいしゅじょう》に聞かせていく真の声聞として戦《たたか》っていくことを宣言《せんげん》します。これは菩薩《ぼさつ》として蘇《よみがえ》ったことを意味《いみ》します。

まさに、自身の苦悩《くのう》からの脱却《だっきゃく》のみに汲々《きゅうきゅう》としていた狭《せま》い世界から、一切衆生の救済《きゅうさい》という大空を無限《むげん》にはばたく世界へ、師《し》とともに戦《たたか》う不二《ふに》の誓《ちか》いです。そして、経文《きょうもん》では続けて、どれだけの報恩《ほうおん》を尽《つ》くしても、この仏《ほとけ》の大恩《だいおん》に報《むく》いることはできないと強調《きょうちょう》されています。十方《じっぽう》の世界を見渡《みわた》す仏眼《ぶつげん》、法眼《ほうげん》を得た二乗が、娑婆《しゃば》世界の法華経の行者《ぎょうじゃ》を見落《みお》とすわけがない。末法《まっぽう》に法華経の行者がいるならば、これらの聖者《せいじゃ》は大火《たいか》の中を通り抜《ぬ》けても必《かなら》ず駆《か》けつけ、法華経守護《しゅご》のために戦うはずである。そうでなければ、後《ご》五百歳広宣流布《ごひゃくさいこうせんるふ》の経文《きょうもん》〈注6〉は嘘《うそ》になってしまうではないか。

そうであるのに、なぜ、大難《だいなん》を受ける法華経の行者《ぎょうじゃ》を守護しないのか。声聞《しょうもん》たちは、謗法《ほうぼう》の者たちの味方《みかた》なのか。このように鋭《するど》く糾弾《きゅうだん》しつつ、大聖人は、二乗《にじょう》の守護がないのはどうしてなのかと重《かさ》ねて問《と》われ、「大疑《たいぎ》いよいよ・つもり候《そうろう》」（全二〇七ページ・新七九ページ）と結《むす》ばれています。

菩薩《ぼさつ》・天《てん》・人《にん》に対する法華《ほっけ》深恩《じんおん》

次に、菩薩・天・人に対する法華経の深恩について論《ろん》じられていきます（全二〇七ページ十行目～・新七九ページ十行目～）。ここでも爾前経《にぜんきょう》と法華経の相違《そうい》を浮《う》き彫《ぼ》りにしていますが、成仏《じょうぶつ》の法としての法華経の教法《きょうほう》がより鮮明《せんめい》に明《あき》らかにされていきます。すなわち、方便品《ほうべんぽん》の「十界互具《じっかいごぐ》」〈注7〉、寿量品《じゅりょうほん》の「久遠実成《くおんじつじょう》」〈注8〉の法門《ほうもん》を取り上げられ、これによって成仏できた菩薩・天・人たちが、いかに法華経に深恩があるかを示《しめ》されていきます。

まず、大聖人は、爾前経《にぜんきょう》において諸菩薩《しょぼさつ》は釈尊《しゃくそん》の弟子《でし》ではなかったと言われています。例《たと》えば、華厳経《けごんきょう》の会座《えざ》に集《あつ》まった菩薩たちは、菩提樹下《ぼだいじゅげ》で初成道《しょじょうどう》した釈尊の前に十方《じっぽう》の仏土《ぶつど》から現《あらわ》れた存在《そんざい》であり、釈尊の弟子ではありません。そして、彼《かれ》らが説《と》く法門《ほうもん》以上の教《おし》えを、釈尊は爾前経で説くことはなかったと言われています。

その菩薩たちが法華経では合掌《がっしょう》して釈尊を敬《うやま》い、「具足《ぐそく》の道」を聞きたいと請《こ》います。大聖人は、「具足の道」とは十界互具《じっかいごぐ》の法理《ほうり》であり、南無妙法蓮華経にほかならないことを明《あ》かされます。

「具とは十界互具・足と申すは一界に十界あれば当位《とうい》に余界《よかい》あり満足《まんぞく》の義《ぎ》なり」（全二〇九ジペー・新八二ジペー）

十界互具によって、十界各界《かくかい》に仏界《ぶっかい》を顕《あらわ》すことが実現し、万人平等《ばんにんびょうどう》の成仏《じょうぶつ》が明確《めいかく》になります。方便品《ほうべんぽん》の「衆生《しゅじょう》をして仏知見《ぶっちけん》を開《ひら》か令《し》めんと欲《ほっ》す」（同）との「衆生」について、大聖人は、「衆生と申すは舎利弗《しゃりほつ》・衆生と申すは一闡提《いっせんだい》〈注9〉・衆生と申すは九法界《きゅうほうかい》」（同）と仰《おお》せられ、具足の法によって成仏できたのは、二乗《にじょう》の舎利弗だけでなく、一闡提も含《ふく》めた九界《きゅうかい》の衆生すべてであることを明確にされています。

そして、この万人成仏《ばんにんじようぶつ》の道が開《ひら》かれたことで釈尊《しやくそん》の「衆生無辺誓願度《しゆじようむへんせいがんど》」〈注10〉が成就《じようじゆ》し、あらゆる菩《ぼ》薩《さつ》・諸天《しよてん》たちは、法華経の一念三千《いちねんさんぜん》という無上《むじよう》の法門《ほうもん》を初めて聞いたと領《りよう》解《げ》したことが示《しめ》されています。

この時点でも、十分、菩薩たちにとって法華経は無上の教《おし》えとなるわけですが、さらに寿量品《じゆりようほん》の久遠実成《くおんじつじよう》の法門によって、法華経の深恩《じんおん》は決定的《けつていてき》になります。

すなわち、寿量品で久遠実成が説《と》かれることによって、諸経《しよきよう》の諸仏《しよぶつ》は皆《みな》、釈尊の分身《ぶんしん》として位《い》置《ち》づけられることが示される（全二一四ジペー・新八九ジペー）。ここにおいて、諸仏の弟子《でし》である菩薩たちも釈尊の弟子となります。

このように寿量品では、久遠実成の仏《ほとけ》に諸仏が統合《とうごう》され、久遠実成の釈尊こそが成仏を目《め》指《ざ》す一切《いつさい》の菩薩の師《し》となるべき仏であることが明《あ》かされたのです。

この久遠実成の仏は、「永遠《えいえん》の妙法」と一体《いつたい》の「永遠の仏」を指《さ》し示しています。この仏こそが、実在《じつざい》の人間である釈尊の本地《ほんち》であると説かれているのは、宇宙根源《うちゆうこんげん》の法である永遠の妙法の力《ちから》を人間生命の上に開きうることを示しているのです。

仏とは、生命に永遠の妙法の力が開花《かいか》した存在《そんざい》、すなわち妙法蓮華経です。この妙法蓮華経こそ仏《ほとけ》の本体《ほんたい》であり、本仏《ほんぶつ》です。

ここに釈尊《しゃくそん》の説《と》いたとされる一切経《いっさいきょう》の中では初めて法華経寿量品《じゅりょうほん》という形《かたち》で、永遠《えいえん》の妙法が「成仏《じょうぶつ》の種子《しゅし》」として顕現《けんげん》したのです。

寿量品の仏は、仏の本体である妙法蓮華経を指《さ》し示《しめ》しています。そして、この妙法蓮華経は、万人《ばんにん》に内在《ないざい》する生命の法であり、万人の成仏の種子となるのです。

成仏の種子が寿量品の文底《もんてい》に秘沈《ひちん》されている故《ゆえ》に、寿量品こそ一切経の頂点《ちょうてん》なのです。

故に、大聖人は寿量品をこう讃《たた》えられています。

「一切経の中に此《こ》の寿量品ましまさずば天《てん》に日月《にちがつ》の・国に大王の・山河《さんが》に珠《たま》の・人《ひと》に神《たましい》のなからんが・ごとくして・あるべき」（全二一四ジペー・新八八ジペー）

ここに、成仏を目指《めざ》す一切の菩薩《ぼさつ》が法華経に深恩《じんおん》を感じるべきゆえんがあるのです。

「才能ある畜生《ちくしょう》」と喝破《かっぱ》

大聖人御在世《ございせ》当時の諸宗《しょしゅう》は、一切経の中では寿量品の仏こそが成仏の修行《しゅぎょう》の本尊とすべき仏《ほとけ》であることを知りません。知らないどころか、事実を隠《かく》し、歪《ゆが》めている宗派《しゅうは》さえある。末法《まっぽう》は、悪比丘《あくびく》が出来《しゅったい》し正法《しょうほう》を隠します。その結果《けっか》、法華経の真実《しんじつ》が見失《みうしな》われます。やがて、諸宗《しょしゅう》は本尊に迷《まよ》います。

大聖人は、当時の諸宗の本尊観・成仏観《じょうぶつかん》について、寿量品《じゅりょうほん》に説《と》かれた成仏の種子《しゅし》を持つ根本《こんぽん》の仏に迷っていることを厳《きび》しく破折《はしゃく》されています。それは、王子が、国王である自分の親《おや》に迷い、王をさげすんだり、他人を王と思うようなものであると、分《わ》かりやすく教《おし》えられています。そして、寿量品の仏を知らない諸宗の者は父を知らない子のように「不知《ふち》恩《おん》」であり、仏法を知っているように見えて、その実《じつ》は「才能《さいのう》ある畜生《ちくしょう》」(全二一五ジペー・新九〇ジペー)であると鋭《するど》く喝破《かっぱ》されている。

ともあれ、法華経を聞いて成仏した菩《ぼ》薩《さつ》らは、法華経の行者《ぎょうじゃ》を守《まも》るために、磁石《じしゃく》が鉄《てつ》を吸《す》うように、月が水に映《うつ》るように、たちまちのうちにやってきて仏の前で誓《ちか》った守護《しゅご》の誓いを果《は》たさなければならない。そうであるのに、なぜ、今まで大聖人を守るために出現しないのか。その結論《けつろん》として、「日蓮・法華経の行者にあらざるか」(全二一七ジペー・新九三ジペー)と、疑《うたが》いをさらに強められていくのです。そして、「されば重《かさ》ねて経文《きょうもん》を勘《かんが》えて我《わ》が身《み》にあてて、身の失《とが》をしるべし」(全二二七ジペー・新九三ジペー)とまで仰《おお》せられ、〝大いなる疑《うたが》い〟の第二の論述《ろんじゅつ》へと考察《こうさつ》を引《ひ》き継《つ》がれていきます。

本尊とは法華経の行者の一身《いっしん》の当体《とうたい》

さて大聖人が第一の論述において、法華経で初めて成仏《じょうぶつ》の法を知り、また成仏したとされる二乗《にじょう》、菩薩《ぼさつ》などの法華守護《ほっけしゅご》を論じられているのは、諸天善神《しょてんぜんじん》の守護の働《はたら》きは成仏の法である妙法の力《ちから》によるからであると拝《はい》することができます。

言い換《か》えれば、元品《がんぽん》の法性《ほっしょう》〈注11〉が諸天善神と現《あらわ》れるのです。であればこそ諸天善神は謗法《ほうぼう》が充満《じゅうまん》する国土《こくど》を見捨《みす》てて去《さ》ると言われる。しかしまた謗法の悪世《あくせ》にあっても、妙法を守《まも》り、妙法を弘《ひろ》めていく法華経の行者《ぎょうじゃ》がいれば諸天善神がこの人を守るのです。どんな悪世でも、諸天善神は、仏法のために戦《たたか》う人を草《くさ》の根《ね》を分《わ》けても探《さが》し出し、断《だん》じて守護する。仏法のために戦う人は、三世《さんぜ》永遠《えいえん》に妙法に包《つつ》まれ、妙法と一体《いったい》の当体となるからです。

二乗《にじょう》、菩薩《ぼさつ》などによる法華守護《ほっけしゅご》を論《ろん》ずるなかで、大聖人は、「成仏《じょうぶつ》の法である妙法を行《ぎょう》ずる人」、また、「妙法に背《そむ》く謗法《ほうぼう》と戦《たたか》う人」という「法華経の行者《ぎょうじゃ》」観《かん》を提示《ていじ》されています。

末法《まっぽう》においては、法華経の行者の身《み》においてのみ、妙法が現《あらわ》れているのです。方便品《ほうべんぼん》で明《あ》かされる「十界互具《じっかいごぐ》」も、寿量品《じゅりょうほん》で久遠実成《くおんじつじょう》の仏《ほとけ》が説《と》かれることによって指《さ》し示《しめ》される「種子《しゅし》の妙法」も、法華経の行者の一身《いっしん》以外にあるのではありません。

故《ゆえ》に大聖人は、「御義口伝《おんぎくでん》」において「本尊とは法華経の行者の一身の当体《とうたい》なり」（全七六〇ページ・新一〇五九ページ）と仰《おお》せです。

成仏の修行《しゅぎょう》の明鏡《めいきょう》となり、指標《しひょう》となる本尊は、法華経の行者の一身に拝《はい》することができるのです。

ここに諸天《しょてん》の守護と法華経の行者をめぐる問題が「此《こ》の書の肝心《かんじん》・一期《いちご》の大事」（全二〇三ページ・新七四ページ）といわれるゆえんがあり、また「開目抄《かいもくしょう》」が「人本尊開顕《にんほんぞんかいけん》」の書と言われるゆえんがあるのです。

注

〈注1〉【宝塔品《ほうとうほん》の三箇《さんか》の鳳詔《ほうしょう》】法華経見宝塔品《けんほうとうほん》第十一で、釈尊《しゃくそん》が大衆《たいしゅう》に滅後《めつご》における法華経の弘通《ぐつう》を三回にわたって勧《すす》め命《めい》じたこと。第一は、釈尊がまもなく入滅《にゅうめつ》してしまうので、滅後弘通の付嘱《ぞく》をして法を後世《こうせい》に伝《つた》えると宣言《せんげん》して勧めたこと。第二は、虚空会《こくうえ》で釈尊・多宝《たほう》の二仏が宝塔に並《なら》び座《すわ》り、十方《じっぽう》の諸仏《しょぶつ》・菩薩《ぼさつ》が宝塔のもとに結集したのは、令法久住《りょうぼうくじゅう》のためであると示《しめ》して勧めたこと。第三は、六難九易《ろくなんくい》を説《と》いて滅後に法華経を受持《じゅじ》することが難事《なんじ》であることをあえて示して勧めたこと。

〈注2〉【提婆達多品《だいばだったほん》の二箇《にか》の諫暁《かんぎょう》】法華経提婆達多品第十二で、釈尊《しゃくそん》は、提婆達多（悪人《あくにん》）と竜女《りゅうにょ》（女人《にょにん》）の成仏《じょうぶつ》を説《と》いて法華経の功力《くりき》を示《しめ》し、滅後《めつご》における弘経《ぐきょう》を諫暁した。

〈注3〉【勧持品《かんじほん》二十行の偈《げ》】法華経勧持品第十三の偈の中で、漢訳《かんやく》で二十行にわたる偈のこと。菩薩《ぼさつ》たちが、釈尊滅後《しゃくそんめつご》に三類《さんるい》の強敵《ごうてき》の大難《だいなん》に耐《た》えて法華経を弘通《ぐつう》することを誓《ちか》った文《もん》。

〈注4〉【灰身滅智《けしんめつち》】身《み》を焼《や》いて灰《はい》にし、心の智慧《ちえ》を滅失《めっしつ》すること。小乗教《しょうじょうきょう》では、煩悩《ぼんのう》を断《だん》じ尽《つ》くして心身《しんしん》を無《む》に帰《き》することによって、二乗《にじょう》の最高の果位《かい》で理想《りそう》の境地《きょうち》である無余涅槃《むよねはん》に入るとされたが、大乗教《だいじょうきょう》は、それでは心身ともに滅失してしまい、成仏《じょうぶつ》が得《え》られないと批判《ひはん》した。

〈注5〉【四大声聞《しだいしょうもん》】法華経の譬喩品《ひゆほん》の説法《せっぽう》を聞いて信受《しんじゅ》し、未来に成仏《じょうぶつ》することを保証《ほしょう》された四人の声聞。摩訶迦葉《まかかしょう》、摩訶迦旃延《まかかせんねん》、摩訶目犍連《まかもつけんれん》、慧命須菩提《えみょうしゅぼだい》の四人。

〈注6〉【後五百歳《ごごひゃくさい》広宣流布《こうせんるふ》の経文《きょうもん》】法華経薬王菩薩本事品《やくおうぼさつほんじほん》第二十三に説《と》かれている「我が滅度《めつど》の後《のち》、後の五百歳の中《うち》、閻浮提《えんぶだい》に広宣流布して、断絶《だんぜつ》して悪魔《あくま》・魔民《まみん》・諸天《しょてん》・竜《りゅう》・夜叉《やしゃ》・鳩槃茶《くはんだ》等に其《そ》の便《たより》を得《え》しむること無《な》かれ」（法華経六〇一ページ）との経文。

〈注7〉【方便品《ほうべんぼん》の「十界互具《じっかいごぐ》」】法華経方便品第二では、一切衆生《いっさいしゅじょう》に仏知見《ぶっちけん》（仏界《ぶっかい》）が具《そな》わっていて開き現《あらわ》すことができることを明《あ》かし、迷《まよ》いの境涯《きょうがい》である九界と悟《さと》りの境涯である仏界が互《たが》いに具《ぐ》しあっているという「十界互具」の法門が説かれた。

〈注8〉【寿量品《じゅりょうほん》の「久遠実成《くおんじつじょう》」】法華経如来《にょらい》寿量品第十六では、釈尊《しゃくそん》は実《じつ》は五百塵点劫《ごひゃくじんてんごう》という久遠の昔に成道《じょうどう》していたとする「久遠実成」の法門が明《あ》かされ、その久遠の法によって諸仏《しょぶつ》も成仏《じょうぶつ》し、菩薩《ぼさつ》らも教化《きょうけ》されていたことが示《しめ》された。

〈注9〉【一闡提《いっせんだい》】サンスクリットの「イッチャンティカ」の音写《おんしゃ》で、誤《あやま》った教《おし》えに執着《しゅうちゃく》して正《ただ》しい法を求《もと》めず、かえって反発《はんぱつ》・誹謗《ひぼう》する者をいう。正法に反発し誹謗する故に、死後、無間地獄《むけんじごく》に堕《だ》すとされる。

〈注10〉【衆生無辺誓願度《しゅじょうむへんせいがんど》】衆生をかぎりなく苦悩《くのう》から救《すく》っていこうとの誓願。あらゆる菩薩《ぼさつ》が、仏道《ぶつどう》修行《しゅぎょう》を始めるに当たって立てる四種の広大《こうだい》な誓願「四弘誓願《しぐせいがん》」の第一。釈尊《しゃくそん》の衆生無辺誓願度は、万人成仏《ばんにんじょうぶつ》を明《あ》かした法華経を説くことによって成就《じょうじゅ》した。

〈注11〉【元品《がんぽん》の法性《ほっしょう》】生命に本来的に具《そな》わる仏《ほとけ》の究極《きゅうきょく》の悟《さと》りの本性《ほんしょう》。仏界《ぶっかい》、仏性《ぶっしょう》に当たる。「治病《じびょう》抄《しょう》」には「元品の法性は梵天《ぼんてん》・帝釈《たいしゃく》等と顕《あら》われ」（全九九七ジペー・新一三三一ジペー）と述《の》べられている。

第9回 六難九易《ろくなんくい》——浅きを去って深きに就《つ》くは丈夫《じょうぶ》の心なり

御文

一滴《いったい》をなめて大海《たいかい》のし《潮》をしり一華《いちげ》を見て春を推《すい》せよ、万里《ばんり》をわた《渡》て宋《そう》に入《い》らずとも三箇年《さんかねん》を経《へ》て霊山《りょうぜん》にいたらずとも竜樹《りゅうじゅ》のごとく竜宮《りゅうぐう》に入らずとも無著菩薩《むじゃくぼさつ》のごとく弥勒《みろく》菩薩にあはずとも二所三会《にしょさんえ》に値《あ》わずとも一代《いちだい》の勝劣《しょうれつ》はこれをしれるなるべし、蛇《へび》は七日が内《うち》の洪水《こうずい》をしる竜の眷属《けんぞく》なるゆへ烏《からす》は年中の吉凶《きっきょう》をしれり過去《かこ》に陰陽師《おんようし》なりしゆへ烏はとぶ徳人《とくひと》にすぐれたり。

日蓮は諸経《しょきょう》の勝劣をしること華厳《けごん》の澄観《ちょうかん》・三論《さんろん》の嘉祥《かじょう》・法相《ほっそう》の慈恩《じおん》・真言《しんごん》の弘法《こうぼう》に

すぐれたり、天台《てんだい》・伝教《でんぎょう》の跡《あと》をしのぶゆへなり、彼《か》の人人は天台・伝教に帰《き》せさせ給《たま》はずば謗法《ほうぼう》の失脱《とがのが》れさせ給うべしや、当世《とうせい》・日本国に第一に富《と》める者は日蓮なるべし命《いのち》は法華経にたてまつり名をば後代《こうだい》に留《とどむ》べし、大海の主《ぬし》となれば諸《もろもろ》の河神《かしん》・皆《みな》したがう須弥山《しゅみせん》の王に諸の山神《さんじん》したがはざるべしや、法華経の六難九易《ろくなんくい》を弁《わきま》うれば一切経《いっさいきょう》よまざるにしたがうべし（全二二二ページ～二二三ページ・新一〇〇ページ～一〇一ページ）

通解

一滴《いってき》の水をなめて大海《たいかい》の塩味を知り、一輪《いちりん》の花を見て春の訪《おとず》れを察《さっ》しなさい。万里《ばんり》を渡《わた》って宋《そう》の国に行かなくても、三年をかけて霊鷲山《りょうじゅせん》まで行き着かなくても、竜樹《りゅうじゅ》のように竜宮《りゅうぐう》に行かなくても、無著菩薩《むじゃくぼさつ》のように弥勒《みろく》菩薩に会わなくても、法華経の二処三会《にしょさんえ》に連《つら》ならなくても、釈尊一代《しゃくそんいちだい》の経の勝劣《しょうれつ》を知ることはできるのである。

蛇《へび》は七日以内に洪水《こうずい》が起《お》こることを知る。竜の眷属《けんぞく》だからである。烏《からす》は年内の吉凶《きっきょう》を知る。過去世《かこせ》で陰陽師《おんようし》だったからである。鳥は飛《と》ぶことにおいて人よりすぐれている。

日蓮は、諸経《しょきょう》の勝劣《しょうれつ》を知ることにおいて、華厳宗《けごんしゅう》の澄観《ちょうかん》、三論宗《さんろん》の嘉祥《かじょう》、法相宗《ほっそう》の慈恩《じおん》、真《しん》言宗《ごん》の弘法《こうぼう》よりすぐれている。天台《てんだい》、伝教《でんぎょう》の業績《ぎょうせき》に思いをはせるからである。澄観らは、天台・伝教に帰伏《きぶく》しなかったならば、謗法《ほうぼう》の罪《つみ》を免《まぬか》れ得《え》たであろうか（全二一六ジペー・新九一ジペー等で、諸宗《しょしゅう》の元祖《がんそ》は天台・伝教から学《まな》んで法華経を尊崇《そんすう》していたので、表面的には敵対《てきたい》していたが、実質上《じっしつじょう》は天台・伝教に帰伏していたと示《しめ》されている）。

今の世《よ》において、日本国で第一に富《と》める者は日蓮である。命《いのち》は法華経に奉《たてまつ》り、名は後世《こうせい》にとどめるのである。大海《たいかい》の主《ぬし》となれば、河《かわ》の神たちは皆《みな》したがう。須弥山《しゅみせん》の王に山の神たちがしたがわないわけがあろうか。法華経の六難九易《ろくなんくい》をきわめれば、一切経《いっさいきょう》は読まなくとも日蓮にしたがってくるのである。

講義

仏意《ぶつい》・仏勅《ぶっちょく》を受けて起こす法戦

「開目抄《かいもくしょう》」では、日蓮大聖人こそが「末法《まっぽう》の法華経の行者《ぎょうじゃ》」であることを、法華経の経《きょう》文《もん》に照《て》らして証明《しょうめい》されていきます。

そのために大聖人は、法華経見宝塔品《けんほうとうほん》第十一の「三箇《さんか》の勅宣《ちょくせん》（諫勅《かんちょく》）」、提婆達多品《だいばだったほん》第十二の「二箇《にか》の諫暁《かんぎょう》」、勧持品《かんじほん》第十三の二十行の偈《げ》に説《と》かれる「三類《さんるい》の強敵《ごうてき》」を順次《じゅんじ》、考察《こうさつ》されています。

宝塔品の「三箇の勅宣」とは、釈尊《しゃくそん》が法華経の会座《えざ》に参集《さんしゅう》した菩薩《ぼさつ》たちに対して、釈尊滅後《めつご》に法華経を弘通《ぐつう》していくべきことを三つの観点《かんてん》から示《しめ》し、三回にわたって滅後弘通を勧《すす》めたことをいいます。これについては、後で詳《くわ》しく論《ろん》じたいと思います。

さらに、提婆達多品の「二箇の諫暁」とは、「悪人成仏《あくにんじょうぶつ》」と「女人成仏《にょにんじょうぶつ》」の二つの法門《ほうもん》を説いたことを指《さ》しています。この二つを説いたことで、釈尊滅後において成仏の法である法華経を弘《ひろ》めて、悪世《あくせ》に生きるすべての人々を救済《きゅうさい》していくべきであることが明確《めいかく》にされたのです。

大聖人は、以上の「三箇の勅宣」と「二箇の諫暁」を合わせて「五箇《ごか》の鳳詔《ほうしょう》」（全二二三㌻・新一〇二㌻）と呼《よ》ばれています。「鳳詔」とは、もともと〝王の言葉〟〝王の命令《めいれい》〟の意《い》ですが、ここで大聖人は、〝仏《ほとけ》の意を示した言葉〟〝仏の命令〟の意で用《もち》いられています。

末法《まっぽう》悪世の法華経弘通《ぐつう》は「仏意《ぶつい》」であり、「仏勅《ぶっちょく》」なのです。

この仏意・仏勅を受けて、勧持品《かんじほん》では、法華経の会座《えざ》に集《つど》った八十万億那由佗《まんおくなゆた》の菩薩《ぼさつ》が滅後《めつご》の法華経弘通を誓《ちか》います。周知《しゅうち》の通り、この誓いの言葉の中で「三類《さんるい》の強敵《ごうてき》」が説《と》かれる。すなわち、菩薩たちは、「三類の強敵」による大迫害《だいはくがい》があっても、滅後の弘通に邁進《まいしん》することを誓います。

大聖人は、これらの経文《きょうもん》に照《て》らして、御自身《ごじしん》こそが末法《まっぽう》の法華経の行者《ぎょうじゃ》であられることを証明《しょうめい》されていきます。

これらの経文によって、謗法《ほうぼう》が渦巻《うずま》く末法においては、謗法の悪《あく》と戦《たたか》ってこそ法華経の行者と言えることが明《あき》らかになっていきます。すなわち、法華経に説かれる仏意・仏勅を受け、大難《だいなん》を覚悟《かくご》で法華経弘通に立ち上がり、戦い抜《ぬ》く人こそが法華経の行者なのです。

このことを「如説修行抄《にょせつしゅぎょうしょう》」では次のように簡潔《かんけつ》に示《しめ》されています。

「かかる時刻《じこく》に日蓮仏勅を蒙《こうむ》りて此《こ》の土《ど》に生《うま》れけるこそ時の不祥《ふしょう》なれ、法王《ほうおう》の宣旨《せんじ》背《そむ》きがたければ経文に任《まか》せて権実二教《ごんじつにきょう》のいくさを起《おこ》し……」(全五〇一ジペー・新六〇〇ジペー)

〈通解〉このような悪世《あくせ》末法の時に、日蓮は仏勅を受けてこの国土《こくど》に生まれたのである。これは時

の不運《ふうん》とも言うべきであろうが、法の王である仏《ほとけ》の命令《めいれい》に背《そむ》くことはできないので、経文《きょうもん》に説《と》かれ

ている通りに、権実二教《ごんじつにきょう》の戦《いくさ》〈注1〉を起《お》こしたのである。

「時の不祥《ふしょう》」と言われているのは、当然、悪《わる》い時代に生まれた不運を嘆《なげ》かれているわけ

ではありません。むしろ、時代の悪《あく》と戦《たたか》う覚悟《かくご》を示《しめ》されているのです。

諸天善神《しょてんぜんじん》の加護《かご》もなく大難《だいなん》を受けている大聖人は、法華経の行者《ぎょうじゃ》でないのではないか

――これが、当時の世間《せけん》の人々や門下《もんか》から大聖人に対してなされた疑難《ぎなん》でした。これに対

して、大難を覚悟のうえで自《みずか》ら「権実二教のいくさ」を起こすのが、法華経に説かれる通

りの法華経の行者である、と大聖人は答えられているのです。

受《う》け身《み》の苦難《くなん》ではない。仏意《ぶつい》を受けて自ら起こした戦いである。この生き方こそ、大聖

人が「開目抄《かいもくしょう》」で門下に教《おし》えてくださっている要諦《ようてい》です。

学会は、まさしく仏意仏勅《ぶつちょく》の広宣流布《こうせんるふ》のために覚悟の戦いを起こした団体《だんたい》です。この戦

いに連《つら》なる人は仏意に生きることになる。如来行《にょらいぎょう》〈注2〉を行ずることになるのです。故《ゆえ》

に、学会員には仏が悟《さと》った妙法の無限《むげん》の功徳《くどく》が現《あらわ》れるのです。

宝塔品の三箇《さんか》の勅宣《ちょくせん》

前述《ぜんじゅつ》したように、大聖人は、本抄で、宝塔品《ほうとうほん》の「三箇の勅宣」を引用《いんよう》されています（全二一七ジペー～二一八ジペー・新九三ジペー～九四ジペー）。

第一の勅宣は、釈尊《しゃくそん》が、滅後《めつご》の娑婆《しゃば》世界において法華経を弘《ひろ》める者に対して「付嘱《ふぞく》」をすることを宣言《せんげん》したうえで、菩薩《ぼさつ》たちに滅後弘通《ぐつう》の誓《ちか》いの言葉を述《の》べるように呼《よ》びかけます。つまり、釈尊が〝付嘱の意《い》〟を明《あき》らかにして滅後弘通を勧《すす》めているのです。

宝塔品から始まる虚空会《こくうえ》の儀《ぎ》式《しき》の全体は、まさに地涌《じゆ》の菩薩に法華弘通の使命《しめい》を託《たく》すための儀式なのです。

第二の勅宣は、十方《じっぽう》の諸仏《しょぶつ》、すなわち全宇宙《ぜんうちゅう》のすべての仏《ほとけ》が娑婆世界の法華経の会座《えざ》に集《つど》ってきた目的は、娑婆世界における「令法久住《りょうぼうくじゅう》」〈注3〉にあることを示《しめ》し、滅後弘通の誓いの言葉を述べるように呼びかけます。

つまり、娑婆世界の令法久住は〝全宇宙の仏が持つ仏意《ぶつい》〟であり、それほど重要《じゅうよう》なことなのです。それは、もし娑婆《しゃば》世界の衆生《しゅじょう》が成仏《じょうぶつ》できないとすれば、万人《ばんにん》の成仏を可能《かのう》にする法を悟《さと》り、弘《ひろ》める仏《ほとけ》の戦《たたか》いが成就《じょうじゅ》しないことになるからです。

第三の勅宣《ちょくせん》は、「六難九易《ろくなんくい》」を説《と》き、滅後《めつご》の弘通《ぐつう》が難事中《なんじちゅう》の難事であることを示《しめ》したうえで、大願《だいがん》を起《お》こして滅後弘通の誓《ちか》いの言葉を述《の》べよ、と菩薩《ぼさつ》たちに命《めい》ずるものです。

仏自身が立てた教判《きょうはん》

大聖人は、この「三箇《さんか》の勅宣《ちょくせん》」のうち、第三の「六難九易」について最《もっと》も詳《くわ》しく言及《げんきゅう》され、諸経《しょきょう》が滅後に弘めるべき「六難」に入る教《おし》えなのか、「九易」に属《ぞく》する低《ひく》い教えなのかを立て分《わ》ける「教判」〈注4〉として考察《こうさつ》されています。

すなわち、釈尊《しゃくそん》が六難九易を説いて、菩薩たちに法華経の滅後弘通を勧《すす》めたのは、法華経が滅後悪世《あくせ》の衆生《しゅじょう》をも救《すく》うことができる最も勝《すぐ》れた教えだからです。

「開目抄《かいもくしょう》」前半に述べられているように、法華経寿量品《じゅりょうほん》の文底《もんてい》に凡夫成仏《ぼんぷ》の要法《ようほう》である真《しん》の十界互具《じっかいごぐ》・一念三千《いちねんさんぜん》の法門《ほうもん》が秘沈《ひちん》されています。この故《ゆえ》に、法華経は最も勝れた経典《きょうてん》なのです。伝教大師《でんぎょうだいし》は『法華秀句《ほっけしゅうく》』〈注5〉で、六難九易《ろくなんくい》の意義《いぎ》について「浅《あさ》きは易《やす》く深《ふか》きは難《かた》しとは釈迦《しゃか》の所判《しょはん》なり浅きを去《さ》つて深きに就《つ》くは丈夫《じょうぶ》の心なり」（全三一〇ページ・新一八二ページ）と述《の》べています。

すなわち、釈尊《しゃくそん》が六難九易を説《と》いたのは、浅い教《おし》えを弘《ひろ》めるのは易《やさ》しく、深い教えを弘めるのは難《むずか》しいことを教えたのです。そこには、法華経は深く、諸経《しょきょう》は浅いという釈尊自身による教えの浅深《せんじん》の判定《はんてい》、すなわち教判《きょうはん》があります。このことを伝教大師は「浅きは易く深きは難しとは釈迦の所判なり」と言っているのです。

法華経以外の諸経は、仏《ほとけ》が九界《きゅうかい》の衆生《しゅじょう》の意《い》に合わせて説いた随他意《ずいたい》の経であるが故《ゆえ》に易《い》信易解《しんいげ》であり、法華経は、仏が自身の仏界《ぶっかい》を説く随自意《ずいじい》の経であるがゆえに難信難解《なんしんなんげ》なのです。

伝教大師はさらに「浅きを去って深きに就くは丈夫の心なり」と述べています。この一《いっ》節《せつ》が重要《じゅうよう》です。釈尊が六難九易を説いて滅後弘通《めつごぐつう》を勧《すす》めたのは、「浅い教えを去って、深い法華経を弘めよ」という仏意《ぶっい》を示《しめ》しているのです。

「丈夫」とは、「調御丈夫《じょうごじょうぶ》」〈注6〉すなわち仏のことであり、「丈夫の心」とは「仏の心」

「仏意《ぶつい》」のことです。滅後《めつご》の弘教《ぐきょう》においては、易信易解《いしんいげ》の浅《あさ》き教《おし》えを捨《す》てて、難信難解《なんしんなんげ》の深《ふか》き法華経につくべきであるというのが仏意なのです。

すなわち、法華経第一こそ仏《ほとけ》自身が立てた教判《きょうはん》であり、釈尊《しゃくそん》滅後にはこの仏の教判に従《したが》い、諸経《しょきょう》を去《さ》って第一の法華経を受持《じゅじ》し、弘《ひろ》めるのが、仏意を体《たい》した菩薩《ぼさつ》の実践《じっせん》であるべきなのです。

所対《しょたい》を知らない諸宗の教判

大聖人が「三箇《さんか》の勅宣《ちょくせん》」の経文《きょうもん》を引用《いんよう》した後、「此《こ》の経文の心は眼前《がんぜん》なり」（全二一八ページ・新九四ページ）と仰《おお》せのように、「三箇の勅宣」に仏意は明々白々《めいめいはくはく》です。それは、青空に太陽が赫々《かっかく》と輝《かがや》くことに似《に》て、誰《だれ》が見ても間違《まちが》うものではない。しかし、執着《しゅうちゃく》する心、歪《ゆが》んだ心を持った人には太陽が見えない。目《め》隠《かく》しをして空を見るようなものです。

そこで大聖人は、代表的な教判を立てた華厳《けごん》、法相《ほっそう》、三論《さんろん》、真言《しんごん》の「四宗《ししゅう》の元祖《がんそ》」たち〈注7〉が、いかに歪んだ眼《まなこ》で法華経を見ていたかを明《あき》らかにされている。

諸宗《しょしゅう》の元祖《がんそ》たちが、なぜ、誤《あやま》った教判《きょうはん》を立てるのか。大聖人は、それは所対《しょたい》〈注8〉すなわち比較対象《ひかくたいしょう》を知らないためであると指摘《してき》されています。

すなわち、諸宗がそれぞれ依経《えきょう》とする経典《きょうてん》で自経《じきょう》が最高の教《おし》えであると説《と》いているからといって、ただちに一切経《いっさいきょう》すべての中で最勝《さいしょう》とは言えない。なぜならば、それらはすべて、ある限定《げんてい》された範囲《はんい》で、その経が最高であると言っているに過《す》ぎないからです〈注9〉。

それに対して、法華経は、法師品《ほっしほん》に「已今当《いこんとう》」〈注10〉と説かれているように、釈尊《しゃくそん》が説いたあらゆる経典の中で最勝の教えであるとされている。

「已今当」とは、已《すで》に説き、今《いま》説き、未来《みらい》に当《まさ》に説くであろう一切の経典を指《さ》し、その中で法華経が最《もっと》も難信難解《なんしんなんげ》であると、法師品で明確《めいかく》に説いていることをいいます。

このように一切経に対して最高に難信難解であり、最も深《ふか》き法である法華経であればこそ、六難九易《ろくなんくい》が説かれるのです。

このことを見失《みうしな》い、それぞれの経典で最勝と説いている部分を各宗《かくしゅう》は依処《えしょ》として、結果《けっか》的《てき》に仏《ほとけ》の本意《ほんい》に背《そむ》く体系《たいけい》を残《のこ》した。

まして、その諸宗の末裔《まつえい》の僧《そう》たちは、諸経の勝劣《しょうれつ》に惑《まど》い、理《り》に迷《まよ》っている。そうした癡《おろ》かさに対して、大聖人は「教《きょう》の浅深《せんじん》をしらざれば理《り》の浅深を弁《わきま》うものなし」（全二二二ページ・新一〇〇ページ）と痛烈《つうれつ》に破折《はしゃく》されています。

すなわち、仏《ほとけ》が自《みずか》ら判定《はんてい》した「六難九易《ろくなんくい》」「已今当《いこんとう》」に暗《くら》く、教の浅深が分《わ》からなければ、教に含《ふく》まれている法理《ほうり》の浅深に迷《まよ》うのは当然《とうぜん》ともいえます。

「当世《とうせい》・日本国に第一に富《と》める者」

反対に言えば、〝六難九易を知ることで、教の浅深を知り、理の浅深を弁えること〟ができる。それが日蓮大聖人のお立場です。

したがって、大聖人は、御自身《ごじしん》が諸経《しょきょう》の勝劣《しょうれつ》を知ることは、華厳《けごん》の澄観《ちょうかん》、三論《さんろん》の嘉祥《かじょう》、法相《ほっそう》の慈恩《じおん》、真言《しんごん》の弘法《こうぼう》〈注11〉より遥《はる》かに勝《すぐ》れていると仰《おお》せです。六難九易を弁え、教の浅深が分かるということは、「六難」で示《しめ》された法華経の受持《じゅじ》・弘通《ぐつう》に生きることです。

実践《じっせん》なき教判《きょうはん》など、観念《かんねん》の遊戯《ゆうぎ》です。そして、大聖人は、法華経の心のままに不惜身命《ふしゃくしんみょう》で戦《たたか》うが故《ゆえ》に名は後代《こうだい》にとどめるであろうと断言《だんげん》され、その大境涯《だいきょうがい》から「当世《とうせい》・日本国に第一に富《と》める者は日蓮なるべし」（全一二二三ページ・新一〇一ページ）と仰《おお》せです。

最勝《さいしょう》の経である法華経を身《み》で読む以上の精神的《せいしんてき》〝富《とみ》〟はありません。

日蓮大聖人の仏法を実践《じっせん》する創価学会員もまた、この大境涯《だいきょうがい》に連《つら》なっていくのです。

ここで、あらためて特筆《とくひつ》すべきことは、日蓮大聖人が佐渡流罪《さどるざい》に処《しょ》せられている境遇《きょうぐう》にあって、このように〝日本国で一番の富者《ふしゃ》〟であると仰せられていることです。


「流人《るにん》なれども身心共《しんしんとも》にうれしく候《そうろう》なり」（全一三四三ページ・一七八三ページ）

「流人なれども喜悦《きえつ》はかりなし」（全一三六〇ページ・新一七九二ページ）

まさに、いかなる権力《けんりょく》も、いかなる大難《だいなん》も、日蓮大聖人の大生命を抑《おさ》えつけることなど絶対《ぜったい》にできない。また、どんな地獄《じごく》のような境遇であっても、仏《ほとけ》の生命から見れば何も束縛《そくばく》するものとはならない、ということです。

それを実現する要諦《ようてい》が「命《いのち》は法華経にたてまつり名をば後代《こうだい》に留《とどむ》べし」（全一二二三ページ・新一〇一ページ）とあるように、不惜身命《ふしゃくしんみょう》の実践《じっせん》です。法華経に帰依《きえ》することで胸中《きょうちゅう》の妙法蓮華経が開《ひら》かれ、自身の生命に開花《かいか》するのです。この六難九易《ろくなんくい》を身で読む生き方を、大聖人は「大海《たいかい》の主《ぬし》」「須弥山《しゅみせん》〈注12〉の王」に譬《たと》えられています。

つまり、「大海《たいかい》の主《ぬし》」に諸《もろもろ》の河神《かしん》が従《したが》うように、「須弥山《しゅみせん》の王」に諸の山神《さんじん》が従うように、六難九易《ろくなんくい》を身《み》で読んだ者は仏法の王者《おうじゃ》である。一切経《いっさいきょう》の根源《こんげん》である寿量文底《じゅりょうもんてい》の妙法を体現《たいげん》し、南無妙法蓮華経として弘《ひろ》める故《ゆえ》に、仏教の究極《きゅうきょく》を極《きわ》める存在《そんざい》となるのです。

深きに就《つ》く「勇者《ゆうしゃ》の心」

「深《ふか》きに就く」とは、何よりも自分自身が主体者《しゅたいしゃ》として、勇敢《ゆうかん》に広宣流布《こうせんるふ》に立ち上がる戦《たたか》いです。

現代において、この最《もっと》も困難《こんなん》な戦いを貫《つらぬ》いてきたのが、創価学会・ＳＧＩ（創価学会インタナショナル）です。

草創期《そうそうき》以来、同志の皆さまは、悪口《わるくち》を言われ、批判《ひはん》され、中傷《ちゅうしょう》されながら、それでもこの人を救《すく》いたい、あの友に信心を教《おし》えたい、幸《しあわ》せになってほしいと、勇気《ゆうき》を奮《ふる》って信心の偉大《いだい》さ、学会の正《ただ》しさを語《かた》ってこられました。

自分さえよければいい、他人のことはどうでもいいというエゴと無慈悲《むじひ》の時代のなかで、友の幸《しあわ》せを祈《いの》り、また地域・社会の繁栄《はんえい》を願《ねが》い、ひたぶるに広宣流布《こうせんるふ》に走ってこられました。

まさに「六難《ろくなん》」にある「悪世《あくせ》に法華経を説《と》く」「一人《ひとり》のために法華経を説く」「少しでも法華経の意義《いぎ》を問《と》う」という勇気《ゆうき》と信念《しんねん》と求道《きゅうどう》の尊《とうと》い行動を、来る日も、来る日も、実践《じっせん》してこられたのです。

このように広宣流布に戦《たたか》う「勇者《ゆうしゃ》の心」こそが、そのまま「丈夫《じょうぶ》の心」であり、「仏《ほとけ》の心」となっていく。「仏の心」に通ずる尊《とうと》き同志の皆《みな》さまの戦いがあればこそ、創価学会によって、未曾有《みぞう》の世界広宣流布の時代が開《ひら》かれたのです。

人間の生き方として拝《はい》すれば、「浅《あさ》き」とは惰性《だせい》であり、安逸《あんいつ》であり、臆病《おくびょう》です。この惰弱《だじゃく》な心を勇敢《ゆうかん》に打《う》ち破《やぶ》って、「深《ふか》き信念」と「深き人間の偉大《いだい》さ」につくのが「丈夫の心」です。

「浅きに就《つ》くか」「深きに就くか」――。この生命の攻防戦《こうぼうせん》は、自分自身の心においても一日の中に何度もあることでしょう。

人生も戦いです。弱《よわ》い心に打《う》ち勝ち、信心を根本《こんぽん》として、「少しでも成長しよう!」「もう一歩、前進《ぜんしん》しよう！」「必《かなら》ず勝利しよう！」と、勇敢《ゆうかん》に立ち上がっていく。この「深《ふか》い生き方」を貫《つらぬ》いてこそ、真《しん》の人生の勝利者になっていける。そのための私どもの日々の信心であり、学会活動なのです。

注

〈注1〉**【権実二教の戦《ごんじつにきょういくさ》】** 権教《ごんきょう》と実教《じつきょう》の間の戦《たたか》い。釈尊《しゃくそん》が説《と》いた真実の大乗教《だいじょうきょう》である法華経が実教、それを説くための方便《ほうべん》として仮《かり》に説かれた爾前《にぜん》の大・小乗教が権教。権教の諸教《しょきょう》を拠《よ》り所《どころ》とする諸宗《しょしゅう》が、実教に対して反発《はんぱつ》・敵対《てきたい》する謗法《ほうぼう》の教義《きょうぎ》を立てたのに対して、日蓮大聖人は権教の諸宗を破折《はしゃく》する言論戦《げんろんせん》を展開《てんかい》した。

〈注2〉**【如来行《にょらいぎょう》】** 如来（仏《ほとけ》）が人々を救《すく》う実践《じっせん》。法華経法師品《ほっしほん》には「是《こ》の人は則《すなわ》ち如来の使《つかい》にして、如来に遣《つか》わされて、如来の事《じ》を行《ぎょう》ず」（法華経三五七ジペー）とある。

〈注3〉**【令法久住《りょうぼうくじゅう》】**「法をして久《ひさ》しく住せしむ」と読む。法華経見宝塔品《けんほうとうほん》第十一の文（法華経三八七ジペー）。未来永遠《みらいえいえん》にわたって妙法が伝《つた》えられていくようにすること。

〈注4〉**【教判《きょうはん》】** 教相判釈《きょうそうはんじゃく》の略。諸経《しょきょう》に説《と》かれる教《おし》えの高低《こうてい》・浅深《せんじん》を判別《はんべつ》すること。

〈注5〉【『法華《ほっけ》秀句《しゅうく》』】伝教大師最澄《でんぎょうだいしさいちょう》が弘仁《こうにん》十二年（八二一年）に著《あらわ》した書。法華経が諸経《しょきょう》より勝《すぐ》れていることを法華十勝《じっしょう》をあげて説示《せつじ》し、当時流行《りゅうこう》していた法相《ほっそう》、三論《さんろん》、華《け》厳《ごん》、真言《しんごん》などの邪義《じゃぎ》を破折《はしゃく》している。

〈注6〉【調御丈夫《じょうごじょうぶ》】諸経論《しょきょうろん》に説《と》かれる仏《ほとけ》の十号《じゅうごう》の一つ。優《すぐ》れた調教師《ちょうきょうし》のように、人々を教《おし》え導《みちび》くのに巧《たく》みな人の意。

〈注7〉【「四宗《ししゅう》の元祖《がんそ》」たち】本抄では、華厳宗《けごんしゅう》の杜順《とじゅん》・智儼《ちごん》・法蔵《ほうぞう》・澄観《ちょうかん》ら、法相宗《ほっそうしゅう》の玄奘《げんじょう》・慈恩《じおん》ら、三論《さんろん》宗の吉蔵《きちぞう》ら、真言《しんごん》宗の善無《ぜんむ》畏《い》・金剛智《こんごうち》・不《ふ》空《くう》ら、日本の真言宗の弘法《こうぼう》（空海《くうかい》）を挙《あ》げ、その邪義《じゃぎ》を破折《はしゃく》されている。

〈注8〉【所対《しょたい》】比較《ひかく》する際に用《もち》いる対象《たいしょう》のこと。「法華取要抄《ほっけしゅようしょう》」には、それぞれの経典《きょうてん》にはその経が第一であると説《と》かれているけれども「所詮《しょせん》所対を見て経経《きょうぎょう》の勝劣《しょうれつ》を弁《わきま》うべきなり」（全三三一ページ・新一五〇ページ）と仰《おお》せである。

〈注9〉たとえば「法華取要抄《ほっけしゅようしょう》」では、金光明経《こんこうみょうきょう》に「是《こ》れ諸経《しょきょう》の王たり」と、密厳経《みつごんきょう》に「一切経《いっさいきょう》の中に勝《すぐ》れたり」と、華厳経《けごんきょう》に「能《よ》く是の経を信ずること、最《もっと》も為《こ》れ難《かた》し」とあると示されている（全三三二ページ・新一四九ページ）。これらはいずれも、対告衆《たいごうしゅう》や時期が限定《げんてい》された諸経の中で最も優《すぐ》れていると言っているに過《す》ぎない。

〈注10〉【已今当《いこんとう》】法師品《ほっしほん》には「我《わ》が説《と》く所《ところ》の経典《きょうてん》は無量千万億《むりょうせんまんおく》にして、已《すで》に説き、今《いま》説き、当《まさ》に説くべし。而《しか》も其《そ》の中に於《お》いて、此《こ》の法華経は最《もっと》も為《こ》れ難信難解《なんしんなんげ》なり。薬王《やくおう》よ。此の経は是《こ》れ諸仏《しょぶつ》の秘要《ひよう》の蔵《ぞう》なり」（法華経三六二ジペー）とある。

〈注11〉**【華厳《けごん》の澄観《ちょうかん》、三論《さんろん》の嘉祥《かじょう》、法相《ほっそう》の慈恩《じおん》、真言《しんごん》の弘法《こうぼう》】**華厳宗の澄観らは「華厳経と法華経は六難《ろくなん》の内《うち》に入り、名《な》は二つで別《べつ》の経《きょう》であるけれども、そこに説《と》かれた説《せつ》や究極《きゅうきょく》の法理《ほうり》は同じである」とした。三論宗の嘉祥らは「般若経《はんにゃきょう》と法華経とは、名は異《こと》なるがその実体《じったい》は同じで、二つの経は同じ一つの法である」とした。法相宗の慈恩らは「深密経《じんみつきょう》と法華経とは同じく唯識《ゆいしき》の法門であって、三時教判《さんじきょうはん》で最高の教えである第三時の教であり、六難の内に入る」とした。日本の真言宗の弘法は「大日経《だいにちきょう》は六難九易《くい》の論議《ろんぎ》の内には入らない。大日経は釈迦《しゃか》が説いた一切経《いっさいきょう》に入らず、法身《ほっしん》である大日如来《にょらい》が説いた教えである」とした。

〈注12〉**【須弥山《しゅみせん》】**古代《こだい》インドの世界観で、世界の中心に聳《そび》える高山《こうざん》。

第10回　提婆品《だいばほん》の二箇の諫暁《かんぎょう》

——変毒為薬《へんどくいやく》・即身成仏《そくしんじょうぶつ》の法で万人を救え！

御文

宝塔品《ほうとうほん》の三箇《さんか》の勅宣《ちょくせん》の上に提婆品に二箇の諫暁あり、提婆達多《だいばだった》は一闡提《いっせんだい》なり天王如来《てんのうにょらい》と記《き》せらる、涅槃経《ねはんきょう》四十巻の現証《げんしょう》は此《こ》の品にあり、善星《ぜんしょう》・阿闍世《あじゃせ》等の無量《むりょう》の五逆《ごぎゃく》・謗法《ほうぼう》の者の一をあげ頭《かしら》をあげ万をおさめ枝をしたがふ、一切《いっさい》の五逆・七逆・謗法・闡提・天王如来にあらはれ了《おわ》んぬ毒薬《どくやく》変じて甘露《かんろ》となる衆味《しゅうみ》にすぐれたり、竜女《りゅうにょ》が成仏《じょうぶつ》此れ一人《いちにん》にはあらず一切の女人《にょにん》の成仏をあらはす、法華已前《ほっけいぜん》の諸《もろもろ》の小乗教《しょうじょうきょう》には女人の成仏《じょうぶつ》をゆるさず、諸《もろもろ》の大乗経《だいじょうきょう》には成仏・往生《おうじょう》をゆるすやうなれども或《あるい》は改転《かいてん》の成仏にして一念三千《いちねんさんぜん》の成仏にあらざれば有名無実《うみょうむじつ》の成仏往生なり、挙一例諸《こいちれいしょ》と申して竜女《りゅうにょ》が成仏は末代《まつだい》の女人《にょにん》の成仏往生の道をふみあけたるなるべし（全二二三ページ・新一〇一ページ）

通解

法華経見宝塔品《けんほうとうほん》第十一の三箇《さんか》の勅宣《ちょくせん》に加《くわ》えて、提婆達多品《だいばだったほん》第十二に二箇《にか》の諫暁《かんぎょう》がある。

提婆達多は一闡提《いっせんだい》の者であったが、天王如来《てんのうにょらい》となることが約束された。涅槃経《ねはんきょう》四十巻に説《と》かれる一闡提の成仏の現証《げんしょう》はこの提婆品にある。善星比丘《ぜんしょうびく》や阿闍世王《あじゃせおう》ら、五逆罪《ごぎゃくざい》・正法誹謗《しょうほうひぼう》を犯《おか》した無数の者の中から提婆達多一人《ひとり》を取り上げて、それを筆頭《ひっとう》の一人とし、続くすべての者もそこに収《おさ》めて、枝葉《しよう》の者を従《したが》えたのである。つまり、五逆罪や七逆罪を犯した者、正法を誹謗した者、一闡提の者、これらすべての者の成仏が、提婆達多が天王如来となる例《れい》によって示《しめ》されたのである。毒薬《どくやく》が変じて甘露《かんろ》（不死《ふし》の妙薬《みょうやく》）となったのである。その味は、他のあらゆる味よりすぐれている。

竜女《りゅうにょ》の成仏《じょうぶつ》は、竜女一人《ひとり》だけの成仏ではない。すべての女人《にょにん》の成仏を示《しめ》している。法華経以前の小乗《しょうじょう》の諸経《しょきょう》では女人の成仏を許《ゆる》していない。大乗《だいじょう》の諸経では女人の成仏・往生《おうじょう》を許しているように見えるが、ある場合は男性に生まれてから成仏できるという改転《かいてん》の成仏であって一念三千《いちねんさんぜん》の成仏ではないので、有名無実《うみょうむじつ》の成仏・往生である。これも「一つを挙《あ》げてすべてに通じる例《れい》とする」（文句記《もんぐき》）と言って、竜女の成仏は末代《まつだい》の女人の成仏・往生の道を、踏《ふ》み開《あ》けたものなのである。

御文

儒家《じゅか》の孝養《こうよう》は今生《こんじょう》にかぎる未来《みらい》の父母を扶《たす》けざれば外家《げけ》の聖賢《せいけん》は有名無実なり、外道《げどう》は過未《かみ》をしれども父母を扶くる道なし仏道《ぶつどう》こそ父母の後世《ごせ》を扶くれば聖賢の名はあるべけれ、しかれども法華経已前《いぜん》等の大小乗の経宗《きょうしゅう》は自身の得道猶《とくどうなお》かなひがたし何《いか》に況《いわん》や父母をや但文《ただもん》のみあつて義《ぎ》なし、今《いま》法華経の時こそ女人成仏の時・悲母《ひも》の成仏も顕《あら》われ・達多《だつた》の悪人成仏《あくにんじょうぶつ》の時・慈父《じふ》の成仏も顕わるれ、此《こ》の経《きょう》は内典《ないてん》の孝経《こうきょう》なり、二箇《にか》のいさめ了《おわ》んぬ（全二二三ジペー・新一〇二ジペー）

通解

中国の儒教《じゅきょう》等における孝養《こうよう》は、ただ今世《こんぜ》に限《かぎ》られている。父母の未来《みらい》を救《すく》わないのだから、儒教等での聖人《せいじん》・賢人《けんじん》と呼《よ》ばれる者は有名無実《うみょうむじつ》である。インドの外道《げどう》は、過去世《かこせ》・未来世を知っているけれども、父母を救う道を説《と》いていない。仏道こそが父母の未来世を救うのだから、聖人・賢人の名がありうるであろう。しかしながら、法華経以前の大乗《だいじょう》・小乗《しょうじょう》の経典《きょうてん》をよりどころとする諸宗派《しょしゅうは》は、自分自身の成仏さえ叶《かな》えられない。ましてや父母を救うことができようか。ただ成仏の言葉があるだけで、その内実《ないじつ》はない。

今、法華経の時こそ女人《にょにん》成仏の時であり、悲母《ひも》の成仏も顕《あらわ》れる。提婆達多《だいばだつた》の悪人成仏の時、慈父の成仏も顕れる。この法華経は内典の孝経である。以上で、提婆品の二箇の諫暁《かんぎょう》が終わる。

講義

宝塔品《ほうとうほん》・提婆品《だいばほん》・勧持品《かんじほん》の身読《しんどく》

末法《まっぽう》の広宣流布《こうせんるふ》。

それは、釈尊一人《しゃくそんひとり》だけでなく、多宝如来《たほうにょらい》や三世十方《さんぜじっぽう》のすべての仏《ほとけ》・菩薩《ぼさつ》の総意《そうい》として、法華経で示《しめ》された大願《だいがん》です。

法華経見宝塔品第十一の「三箇の勅宣《さんかのちょくせん》」〈注1〉で、釈尊は大音声《だいおんじょう》をもって、会座《えざ》の大衆《たいしゅう》に向けて滅後《めつご》の弘通《ぐつう》を呼《よ》びかけます。

〝多宝如来もまた、大誓願《だいせいがん》をもって師子吼《ししく》された。皆《みな》もまた大願を発《おこ》し、この法華経を持《たも》ち、弘通していきなさい〟

その釈尊の呼びかけに応じて、諸仏《しょぶつ》・諸菩薩が立てた末法広宣流布の誓願は、日蓮大聖人が出現されることで成就《じょうじゅ》していくのです。

「開目抄《かいもくしょう》」では、釈尊《しゃくそん》が滅後《めつご》弘通《ぐつう》を勧《すす》めた迹門流通分《しゃくもんるつうぶん》の諸品《しょほん》を、宝塔品《ほうとうほん》第十一、提婆品《だいばほん》第十二、勧持品《かんじほん》第十三と連続《れんぞく》して考察《こうさつ》されていきます。これにより、この三品を身読《しんどく》し、如説修行《にょせつしゅぎょう》されている大聖人御自身《ごじしん》こそが末法《まっぽう》の法華経の行者《ぎょうじゃ》であることを証明《しょうめい》されていかれるのです。

宝塔品の「三箇《さんか》の勅宣《ちょくせん》」「六難九易《ろくなんくい》」によって示《しめ》されている仏意《ぶつい》のままに、大聖人は難《なん》信難解《しんなんげ》の法華経を弘《ひろ》められました。

これは、前回、テーマとなったところです。

また大聖人は、提婆品の「二箇の諫暁《かんぎょう》」に示《しめ》されるままに、末代悪世《まつだいあくせ》の民衆《みんしゅう》を救《すく》うために凡夫成仏《ぼんぷじょうぶつ》・変毒為薬《へんどくいやく》〈注2〉の大道を開《ひら》かれました。

今回は、この点を拝察《はいさつ》していきます。

さらに大聖人は、勧持品の「二十行の偈《げ》」〈注3〉に説《と》かれている通り、「三類《さんるい》の強敵《ごうてき》」の迫害《はくがい》を受け、そのすべてを乗《の》り越《こ》えていかれました。

宗教の本義を示す悪人成仏《あくにんじょうぶつ》と女人成仏《にょにんじょうぶつ》

さて、提婆品《だいばほん》の「二箇《にか》の諫暁《かんぎょう》」とは、提婆達多《だいばだった》〈注4〉を代表とする悪人の成仏と、竜女《りゅうにょ》〈注5〉を代表とする女人の成仏の二つの法門《ほうもん》です。この二つの法門を説《と》くことは、万人《ばんにん》を救《すく》う末法広宣流布《まっぽうこうせんるふ》を必《かなら》ず成就《じょうじゅ》すべきであると、菩薩《ぼさつ》たちに対して諫《いさ》め暁《さと》すことになるので、「諫暁」と言われているのです。

爾前権経《にぜんごんきょう》では明《あ》かされていなかった悪人成仏と女人成仏が、明確《めいかく》に説き明かされたことは、法華経こそが、悪世《あくせ》末法に生きる万人の成仏を実現する唯一《ゆいいつ》の大法《だいほう》であることを、あらためて宣言《せんげん》することになります。

ここに「法華経の真価《しんか》」があります。すなわち、今までの爾前権経で救済《きゅうさい》の対象《たいしょう》とならなかった最《もっと》も不幸《ふこう》な人たちを現実に救わずして、末法の民衆《みんしゅう》救済はありえない、ということです。この「法華経の真価」を光り輝《かがや》かせていくことは、釈尊《しゃくそん》の呼《よ》びかけに呼応《こおう》して、仏意《ぶっい》を実現する末法の法華経の行者《ぎょうじゃ》の証《あかし》でもあると言えます。

今、目の前にいる「現実の一人《ひとり》」をどう救《すく》っていくのか。その戦《たたか》いがなければ、「民衆《みんしゅう》救済《きゅうさい》」という言葉をいかに叫《さけ》んでも、何の価値《かち》も生まれません。生きる希望《きぼう》すら失《うしな》った、最《もっと》も悲惨《ひさん》な人に、どう生きる喜びをわきたたせていくのか。この命題《めいだい》に答えられない宗教は、もはや「死《し》せる宗教」と言わざるをえません。

法華経、そして日蓮大聖人の仏法は、「活《かっ》の法門《ほうもん》」と言われるように、すべてを生かしていく蘇生《そせい》の宗教です。

また、絶望《ぜつぼう》の淵《ふち》にいる人に対して、今日から明日へ、新《あら》たな活力《かつりょく》を、その人自身の内面《ないめん》から生み出させていく希望の宗教です。

その希望の宗教こそ、自分が今《いま》生きていることに感謝《かんしゃ》でき、自分を育《はぐく》んでくれた父母をはじめ自分にかかわる一切の人々の恩《おん》に報《むく》い、一切の人を幸福にしていく大道を説《と》き明《あ》かした、真《しん》の「人間の宗教」にほかなりません。

本抄で示《しめ》されている法華経提婆品《だいばほん》の悪人成仏《あくにんじょうぶつ》と女人成仏《にょにんじょうぶつ》とは、そうした「宗教の本義《ほんぎ》」に大きく関《かか》わるテーマといえるでしょう。

悪世《あくせ》の成仏の道を開く

本抄で大聖人が「二箇《にか》の諫暁《かんぎょう》」について述《の》べられているポイントとして、次の三点が挙《あ》げられます。

第一に、爾前権経《にぜんごんきょう》で成仏から最《もっと》も遠いとされていた一闡提《いっせんだい》〈注6〉である悪人《あくにん》・提婆《だいば》に成仏の授記《じゅき》がなされました。そして、社会的にも宗教的にも差別《さべつ》されていた女人《にょにん》である竜《りゅう》女《にょ》が真《ま》っ先《さき》に成仏の現証《げんしょう》を現《あらわ》したことによって、法華経が「悪世に生きる一人《ひとり》ひとりの成仏の道を開《ひら》く経典《きょうてん》」であることが明《あき》らかになります。

そして、この「万人救済《ばんにんきゅうさい》の道を開く戦《たたか》い」に先駆《せんく》を切る人こそが、法華経の行者《ぎょうじゃ》なのです。

第二に、一切衆生《いっさいしゅじょう》の成仏を実現する法理《ほうり》的裏《うら》づけとして「一念三千《いちねんさんぜん》の成仏」〈注7〉を挙げられています。「一念三千の成仏」は法華経にしか見られない法理です。その現実変革《へんかく》の力《ちから》として、極悪《ごくあく》をも極善《ごくぜん》に転換《てんかん》しうる「変毒為薬《へんどくいやく》」の可能性《かのうせい》（悪人成仏）が示《しめ》され、凡夫《ぼんぷ》の身《み》を改《あらた》めずに成仏《じょうぶつ》する「即身成仏《そくしんじょうぶつ》」の現証《げんしょう》（女人成仏《にょにんじょうぶつ》）が明《あ》かされるのです。

故《ゆえ》に、法華経の行者《ぎょうじゃ》とは、自《みずか》らが「一念三千《いちねんさんぜん》の成仏を体現《たいげん》した人」であるのです。

第三に、悪世《あくせ》に生きる人々を一人《ひとり》も残《のこ》さずに成仏させていく「悪人成仏《あくにんじょうぶつ》」と「女人成仏」が説《と》かれることによって、〝すべての父母の成仏〟の道が開《ひら》かれたのであり、法華経こそが真《しん》に父母への報恩《ほうおん》を可能《かのう》にする「内典《ないてん》の孝経《こうきょう》」〈注8〉であると仰《おお》せです。

希望《きぼう》の哲学《てつがく》に裏付《うらづ》けられた報恩の心と実践《じっせん》は、人間社会の基盤《きばん》であり、核心《かくしん》であり、真の絆《きずな》になります。法華経の行者とは、社会の平和と繁栄《はんえい》を築《きず》くための根本《こんぽん》の戦《たたか》いを貫《つらぬ》く「立正安国《りっしょうあんこく》の実践者」なのです。

一闡提《いっせんだい》をも救《すく》う「変毒為薬《へんどくいやく》」の妙《みょう》

提婆品《だいばほん》に説かれる悪人成仏の意義《いぎ》を論《ろん》じられるにあたって、大聖人はまず冒頭《ぼうとう》に「提婆《だいば》達多《だった》は一闡提なり天王如来《てんのうにょらい》と記《き》せらる、涅槃経《ねはんきょう》四十巻の現証〈注9〉は此《こ》の品にあり」（全二二三ジペー・新一〇一ジペー）と仰《おお》せです。

言うまでもなく、提婆達多《だいばだった》は、釈尊《しゃくそん》に師敵対《してきたい》し、正法《しょうほう》を誹謗《ひぼう》し、破和合僧《はわごうそう》などの五逆罪《ごぎゃくざい》〈注10〉を犯《おか》した極悪《ごくあく》の存在《そんざい》です。

一切衆生《いっさいしゅじょう》の成仏《じょうぶつ》の法理《ほうり》そのものは、方便品《ほうべんぼん》第二の十如実相《じゅうにょじっそう》〈注11〉によって示《しめ》されています。その意味《いみ》で、理論的《りろんてき》には、方便品で提婆達多の成仏も約束されているはずです。

しかし、不信《ふしん》・謗法《ほうぼう》の一闡提《いっせんだい》が成仏できるかどうかは、人々にとって重大《じゅうだい》な関心事《かんしんじ》になったことも間違《まちが》いないでしょう。特に涅槃経《ねはんきょう》においては、一闡提の成仏は最《もっと》も大きなテーマとして取り上げられ、一切衆生にことごとく仏性《ぶっしょう》があり、一闡提にも仏性があると仏《ほとけ》は述《の》べています。しかし、半面《はんめん》、仏性があるとしても、正法への不信・誹謗の心があるゆえに、現実には成仏できず、成仏は未来《みらい》の可能性《かのうせい》にすぎないとも説《と》かれています〈注12〉。

まさに、そうした一闡提の代表とも言える提婆達多の成仏が、いかにして実現したのか。だれしも疑問《ぎもん》に思うことです。未来永劫《えいごう》に無間地獄《むけんじごく》に堕《お》ち、無間大城《だいじょう》を出ることができないとされた提婆達多に、なにゆえに法華経の会座《えざ》で成仏の記別《きべつ》〈注13〉が与《あた》えられたのか。

御書には、「法華経の提婆品で、教主《きょうしゅ》・釈尊が、過去世《かこせ》の師である提婆達多に天王如来《てんのうにょらい》となるだろうと記別《きべつ》を与《あた》えられたことこそ、不思議《ふしぎ》なことだと思われる」（全九四五ページ・新五三九ページ、趣意）と仰《おお》せです。

まさに「不思議」です。結論《けつろん》を先に言えば、それが妙法の力《ちから》です。大聖人は、提婆達多《だいばだった》の成仏《じょうぶつ》によって諸《もろもろ》の悪人《あくにん》の得道《とくどう》も疑《うたが》いないとして、「故《ゆえ》に此《こ》の経《きょう》（＝法華経）をば妙と云《い》ふ」（同）と仰せです。

「妙」には三義《さんぎ》あります。「開《かい》」の義、「具足《ぐそく》」の義、そして「蘇生《そせい》」の義です〈注14〉。大聖人は、二乗《にじょう》・闡提《せんだい》・女人《にょにん》という爾前経《にぜんきょう》で嫌《きら》われた人たちが、法華経によって成仏できることを、次のように仰せられています。

「妙とは蘇生の義なり蘇生と申すはよみがへる義なり」（全九四七ページ・新五四一ページ）

「法華経は死《し》せる者をも治《じ》するが故《ゆえ》に妙と云ふ」（同）

ここに「死せる者」とは、誤《あやま》った思想《しそう》・信念《しんねん》・宗教に執着《しゅうちゃく》することによって、仏性《ぶっしょう》を枯渇《こかつ》させてしまった二乗や一闡提のことです。法華経は、そうした生命さえも蘇生させる力を持っているのです。

なぜならば、法華経は仏性を蘇生させ、活性化《かっせいか》させる生命の究極《きゅうきょく》の滋養《じよう》となるからです。

寿量品《じゅりょうほん》に、「大良薬《だいろうやく》」（法華経四八五ジペー）と説《と》かれているのは、そのことを意味《いみ》しています。法華経においては、釈尊《しゃくそん》も、多宝如来《たほうにょらい》も、他の全宇宙《ぜんうちゅう》の諸仏《しょぶつ》も、そして菩薩《ぼさつ》たちも、悟《さと》りの妙法を讃嘆《さんたん》し、妙法の力《ちから》による仏性《ぶっしょう》の開花《かいか》に歓喜《かんき》します。

そして、万人《ばんにん》の成仏《じょうぶつ》の誓願《せいがん》を立て、その大願成就《だいがんじょうじゅ》のために不惜身命《ふしゃくしんみょう》の戦《たたか》いをしていく。まさに、法華経の全編《ぜんぺん》が、仏性の触発《しょくはつ》のためにあるのです。仏性への讃歌《さんか》ともいうべきこの法華経を聞き、妙法と仏《ぶつ》・菩薩の生命の織《お》り成《な》す交響曲《こうきょうきょく》に触《ふ》れると、いかなる悪《あく》や不幸《ふこう》の生命にも、仏性が呼《よ》び醒《さ》まされていくのです。

法華経では、提婆達多《だいばだった》のような極悪《ごくあく》の生命も、その例外《れいがい》ではないことが示《しめ》されています。大聖人は「開目抄《かいもくしょう》」で、法華経の提婆の成仏こそ一闡提《いっせんだい》の成仏の現証《げんしょう》であり、提婆一人《ひとり》の成仏は、悪世末法《あくせまっぽう》のあらゆる悪人《あくにん》の成仏を示していると仰《おお》せです。そして、「毒薬《どくやく》変じて甘露《かんろ》となる衆味《しゅうみ》にすぐれたり」（全二二三ジペー・新一〇一ジペー）と結《むす》ばれています。まさに提婆の成仏は、法華経で示される「変毒為薬《へんどくいやく》」の現証にほかなりません。

末代《まつだい》女性の成仏の道を踏《ふ》み開《あ》ける

続いて竜女《りゅうにょ》の成仏《じょうぶつ》のポイントを確認《かくにん》してみたい。

ここでも大聖人が結論《けつろん》とされているのは、竜女の成仏は、竜女一人《ひとり》の成仏ではなく、すべての女性の成仏を示《しめ》しているということです。

「竜女が成仏は末代の女人《にょにん》の成仏往生《おうじょう》の道をふみあけたるなるべし」（全二二三ページ・新一〇一ページ）との仰《おお》せは、「一人」の成仏こそが、「万人《ばんにん》」の成仏を約束するということです。

まず、「一人」です。一は「万の母」です。どんな「一人」でも救《すく》っていくとの情熱《じょうねつ》なくして広宣流布《こうせんるふ》はありえません。

さらに、大聖人は、権大乗経《ごんだいじょうきょう》にも女性の成仏を一見認《いっけんみと》めているような教《おし》えがあることに対して、教義的《きょうぎてき》な面からも破折《はしゃく》を加《くわ》えています。すなわち、爾前経《にぜんきょう》で女性の成仏を認めているようでも、それは「改転《かいてん》の成仏」〈注15〉、すなわち、女性が男性に生まれかわってからの成仏にすぎないと喝破《かっぱ》されています。

これに対して、竜女《りゅうにょ》が示《しめ》したのは「一念三千《いちねんさんぜん》の成仏《じょうぶつ》」、すなわち、九界《きゅうかい》の身《み》を改《あらた》めることなく仏界《ぶっかい》の生命を開《ひら》くことができる「即身成仏《そくしんじょうぶつ》」です。要するに、竜王《りゅうおう》の八歳の娘《むすめ》である竜女の身を改めず、そのままの身において成就《じょうじゅ》する成仏です。

法華経提婆品《だいばほん》では、この竜女の成仏を容易《ようい》に認《みと》めない舎利弗《しゃりほつ》〈注16〉の疑問《ぎもん》が記《しる》されています。

すなわち、竜女が成仏したと聞いた舎利弗は「是《こ》の事《じ》は信じ難《がた》し」（法華経四〇八ジペー）として、〝どうして女性が速《すみ》やかに成仏できることがあろうか〟などと、実《じつ》にぶしつけな質問《しつもん》を竜女に向かってなげかけます。

法華経の会座《えざ》で成仏の記別《きべつ》を与《あた》えられた舎利弗でさえ、無量劫《むりょうこう》の修行《しゅぎょう》を経《へ》た後に成仏するという歴劫《りゃっこう》修行の考え方を捨《す》てきれないため、即身成仏をにわかには信じられなかったのです。

提婆や竜女の成仏が示しているのは、まさに、「変毒為薬《へんどくいやく》」「即身成仏」という妙法の功力《くりき》にほかなりません。この功力によって、初めて末法濁世《まっぽうじょくせ》の万人《ばんにん》の救済《きゅうさい》が成《な》り立つのです。妙法こそが、末法の全民衆《ぜんみんしゅう》を根源的《こんげんてき》に救《すく》う大良薬《だいりょうやく》だからです。

三道即三徳《さんどうそくさんとく》の「妙《みょう》」を信ずる

大聖人は即身成仏《そくしんじょうぶつ》のことを「当位即妙《とういそくみょう》・不改本位《ふかいほんい》」〈注17〉とも仰《おお》せです。

「法華経の心は当位即妙・不改本位と申して罪業《ざいごう》を捨《す》てずして仏道を成《じょう》ずるなり」（全一三七三ジペー・新一八一三ジペー）

「当位即妙」とは、今の身《み》が、その身そのままで妙法の当体《とうたい》であるということです。そして、「不改本位」とは、成仏するために、その身から別の身に改《あらた》める必要《ひつよう》はいささかもない、ということです。

凡夫《ぼんぷ》の身を改めることなく仏《ほとけ》の生命を涌現《ゆげん》して、現実の振《ふ》る舞《ま》いのうえに仏の性分《しょうぶん》を発揮《はっき》していく。この人間革命《かくめい》・即身成仏の道よりほかに、末法《まっぽう》の民衆《みんしゅう》の救済《きゅうさい》は考えられません。

また、末法は生命にも社会にも悪《あく》の因果《いんが》が絶《た》えない時代です。先ほどの御文《ごもん》に「罪業を捨てずして」とありましたが、罪業を捨てなければ成仏できないというのであれば、末法の人々の成仏《じょうぶつ》はもはや不可能《ふかのう》です。

「変毒為薬《へんどくいやく》」の法理《ほうり》は、悪《あく》から悪への因果《いんが》が絶《た》えない末法悪世《まっぽうあくせ》に、根本的《こんぽんてき》な希望《きぼう》をもたらし、絶望《ぜつぼう》と無力感《むりょくかん》を乗《の》り越《こ》える力《ちから》を人々に与《あた》えるものです。

大聖人が御書のなかで、幾度《いくど》となく引用《いんよう》されている竜樹《りゅうじゅ》〈注18〉の言葉に「譬《たと》えば大薬《だいやく》師《し》の能《よ》く毒《どく》を変《へん》じて薬《くすり》と為《な》すが如《ごと》し」とあります。

これは、まさに法華経の卓越性《たくえつせい》を表現したものであり、「妙の一字の功徳《くどく》」（全一五〇六ページ・新一八三四ページ）を述《の》べたものです。

富木常忍《ときじょうにん》に与えられた御消息《ごしょうそく》「始聞仏乗義《しもんぶつじょうぎ》」〈注19〉で、大聖人は、変毒為薬の「毒」とは煩悩《ぼんのう》・業《ごう》・苦《く》の三道《さんどう》であり、「薬」とは法身《ほっしん》・般若《はんにゃ》・解脱《げだつ》の三徳《さんとく》であるとされています。

そして、妙法の力により、三道の悪の因果を生きている生命も、その当体《とうたい》に三徳の善《ぜん》の功徳を現《あらわ》していけることが変毒為薬であると仰《おお》せです。

煩悩・業・苦の三道とは、人間が営《いとな》んでいる悪と、苦悩《くのう》の因果の網《あみ》の目を表現したものです。

煩悩とは貪瞋癡《とんじんち》の三毒《さんどく》〈注20〉等であり、苦をもたらす原因《げんいん》である心の迷《まよ》いです。

業《ごう》は、煩悩《ぼんのう》から起《お》こり、苦《く》へと至《いた》る身《しん》・口《く》・意《い》の行《おこな》いであり、五逆《ごぎやく》・十悪《じゆうあく》・四重《しじゆう》〈注21〉などが挙《あ》げられます。

苦は、煩悩・業の結果《けつか》として心身《しんしん》で受ける報《むく》いとしての苦悩《くのう》で、四苦八苦《しくはつく》〈注22〉等です。これらによって、人間の生命は、迷《まよ》いと苦悩に束縛《そくばく》されていくと説《と》かれています。

法身《ほつしん》・般若《はんにや》・解脱《げだつ》は、仏《ほとけ》の生命に現《あらわ》れる偉大《いだい》な功徳《くどく》であり、「究極《きゆうきよく》の真理《しんり》」と「清浄《せいじよう》な智慧《ちえ》」と「自在《じざい》の境地《きようち》」である。

凡夫《ぼんぷ》の煩悩・業・苦の三道《さんどう》は、迷いと苦悩でがんじがらめになった生活です。仏の法身・般若・解脱の三徳《さんとく》は、究極の真理と智慧に適《かな》った、自由で喜びに満《み》ちた生活です。全《まつた》く正反対《せいはんたい》の生活です。

しかし、妙法の不可思議《ふかしぎ》な力《ちから》で、三道から三徳へと、劇的《げきてき》な転換《てんかん》ができるのです。それが変毒為薬《へんどくいやく》です。

三道の因果《いんが》を営《いとな》む凡夫の生命は、正反対に見える三徳の生命となっていく種子《しゆし》、つまり仏種《ぶつしゆ》なのです。

この変毒為薬の鍵《かぎ》は、三道即《そく》三徳となる生命の「妙」を説く法華経を信じていくことにあります。その「信《しん》」が、生命の妙を開《ひら》くのです。

牧口先生は、「いかなることがあっても、われわれはこれからのことを考えて生きていくことだ」と言われたうえで、変毒為薬《へんどくいやく》について次のように語《かた》られています。

「妙法の生活とは〝変毒為薬〟である。社会で生活している以上、時には事故《じこ》や災難《さいなん》、そして事業の失敗《しっぱい》などにあう場合がある。（中略）だが、どんな場合でも妙法根本《こんぽん》、信心根本として、御本尊を疑《うたが》わず、信心に励《はげ》めば、毒《どく》を変《へん》じて薬《くすり》となしていけるのである。

たとえば、病気をした、これは罰《ばち》だと悩《なや》んでいるだけでは解決《かいけつ》しない。そこで〝この病気を、必《かなら》ず変毒為薬してみせるぞ、健康《けんこう》という大福運《だいふくうん》、大功徳《くどく》を開くのだ〟と確信《かくしん》し、決《けつ》意《い》して信心をつづけていくことが大事だ。

そのとき、病気が治《なお》るだけではなく、全快《ぜんかい》したときには、以前よりも健康になるのが、変毒為薬の妙法である」

変毒為薬の法理《ほうり》は、悪世《あくせ》に前向《まえむ》きに生きていくことを可能《かのう》にする「希望《きぼう》の源泉《げんせん》」であると言えます。

法華経は「内典《ないてん》の孝経《こうきょう》」

「開目抄《かいもくしょう》」では、すべての母、すべての父の成仏《じょうぶつ》の道を開《ひら》いた法華経は、「内典の孝経」にほかならないことを強調《きょうちょう》され、「二箇《にか》の諫暁《かんぎょう》」の結《むす》びとされています。

「今《いま》法華経の時こそ女人《にょにん》成仏の時・悲母《ひも》の成仏も顕《あら》われ・達多《だった》の悪人《あくにん》成仏の時・慈父《じふ》の成仏も顕わるれ、此《こ》の経《きょう》は内典の孝経なり」（全二二二三ジペー・新一〇二ジペー）

先ほど拝察《はいさつ》した富木常忍《ときじょうにん》宛ての「始聞仏乗義《しもんぶつじょうぎ》」で変毒為薬《へんどくいやく》の法理《ほうり》を説《と》かれているのも、富木常忍の母〈注23〉の三回忌のときに、母子一体《いったい》の成仏を説くためであられた。同抄の結びで、大聖人はこう仰《おお》せです。

「末代《まつだい》の凡夫《ぼんぷ》此の法門《ほうもん》を聞かば唯我一人《ただわれいちにん》のみ成仏するに非《あら》ず父母も又即身《またそくしん》成仏せん此れ第一の孝養《こうよう》なり」（全九八四ジペー・新一三二八ジペー）

この一節《いっせつ》の中で、末代の凡夫が聞く「此の法門」とあるのは、変毒為薬・即身成仏の法理にほかなりません。

大聖人が出家《しゅっけ》された動機《どうき》の一つには、御自身《ごじしん》を育《はぐく》まれた父母の成仏《じょうぶつ》を願《ねが》われた孝養《こうよう》の心がありました。

末法《まっぽう》の一切衆生《いっさいしゅじょう》の成仏を願うことと、自分の父母を救《すく》うこととは深《ふか》い関係があります。

大聖人は、「自身仏《ほとけ》にならずしては父母をだにもすくい《救》がた《難》し・いわうや他人をや」（全一四二九ジペー・新二〇二五ジペー）と仰《おお》せです。

父母への恩《おん》に報《むく》いるためにも、自身が成仏すべきであると大聖人は幾度《いくど》も強調《きょうちょう》されています。また、自分の父母を救えずして、万人《ばんにん》を救うことはできない。大聖人は門下《もんか》にも、真《しん》の孝養は法華経によってのみ成《な》り立つことを訴《うった》えられています。

まさに、変毒為薬《へんどくいやく》・即身成仏《そくしんじょうぶつ》の妙法こそが、末法の全人類《ぜんじんるい》を救済《きゅうさい》する大法《だいほう》であり、あらゆる父母を救う真の孝養の大道となるのです。

注

〈注1〉**【三箇《さんか》の勅宣《ちょくせん》】** 法華経見宝塔品《けんほうとうほん》第十一から虚空会《こくうえ》の説法《せっぽう》が始まるが、同品の中で三度にわたって、釈尊滅後《しゃくそんめつご》における法華経弘通《ぐつう》を菩薩《ぼさつ》たちに促《うなが》したこと（本書一七六ページ〈注1〉参照）。

〈注2〉【変毒為薬《へんどくいやく》】「毒を変じて薬《くすり》と為《な》す」と読み下す。まったく性質の反対のものに転換《てんかん》することをいう。『大智度論《だいちどろん》』巻百に「大薬師《だいやくし》の能《よ》く毒を以《もつ》て薬と為すが如し」とあるのを踏《ふ》まえて、天《てん》台大師《だいだいし》が『法華玄義《ほっけげんぎ》』で述《の》べた言葉。諸経《しょきょう》では永遠《えいえん》に不成仏《ふじょうぶつ》とされた二乗《にじょう》さえも、法華経の功《く》力《りき》で成仏の記《き》を受けたことを譬《たと》えている。

〈注3〉【勧持品《かんじほん》の「二十行の偈《げ》」】法華経勧持品第十三で、滅後弘通《めつごぐつう》を誓《ちか》う菩薩《ぼさつ》が唱《とな》えた詩句《しく》の中で、悪世《あくせ》に出現する敵対者《てきたいしゃ》である三類《さんるい》の強敵《ごうてき》について述《の》べた個所《かしょ》。

〈注4〉【提婆達多《だいばだった》】既出（本書三四ページ参照）。

〈注5〉【竜女《りゅうにょ》】娑竭羅竜王《しゃからりゅうおう》の八歳の娘。海中の竜宮《りゅうぐう》に住んでいたが、文殊師利菩薩《もんじゅしりぼさつ》が法華経を説《と》くのを聞いて発心《ほっしん》し、法華経の説法《せっぽう》の場で即身成仏《そくしんじょうぶつ》の姿《すがた》を現《げん》じた。

〈注6〉【一闡提《いっせんだい》】悟《さと》りを求める心がなく、成仏《じょうぶつ》する機縁《きえん》をもたない衆生《しゅじょう》をいう。また、仏《ほとけ》の正法《しょうほう》を信ぜず、誹謗《ひぼう》し、誹謗の重罪《じゅうざい》を悔《く》い改《あらた》めない不信《ふしん》、謗法《ほうぼう》の者のこと（本書一七七ページ〈注9〉参照）。

〈注7〉【一念三千《いちねんさんぜん》の成仏《じょうぶつ》】一念三千の原理《げんり》による成仏。九界《きゅうかい》の衆生《しゅじょう》に具《ぐ》する仏界《ぶっかい》を開《ひら》く成仏。生まれ変わって九界から仏に成《な》る「改転《かいてん》の成仏」に対する語。

〈注8〉【内典《ないてん》の孝経《こうきょう》】内典とは仏教の経典《きょうてん》のこと。孝経とは儒教《じゅきょう》で孝行《こうこう》を説《と》く経典のこと。

〈注9〉【涅槃経《ねはんぎょう》四十巻の現証《げんしょう》】北涼《ほくりょう》の曇無讖《どんむしん》訳「涅槃経」は四十巻で、その中で説かれる「あらゆる衆生《しゅじょう》に仏性《ぶっしょう》が具《そな》わる」という法義《ほうぎ》、特に一闡提《いっせんだい》の仏性を現実に証明《しょうめい》する証拠《しょうこ》。

〈注10〉**【五逆罪《ごぎゃくざい》】**仏法に反した最《もっと》も重い五種類の罪《つみ》。これが因《いん》となって無間地獄《むけんじごく》に堕《だ》す。父を殺す、母を殺す、阿羅漢《あらかん》を殺す、仏身《ぶっしん》より血を出す、和合僧《わごうそう》（仏法を正しく護持《ごじ》する教団）を破《やぶ》る、の五罪をいう。

〈注11〉**【十如実相《じゅうにょじっそう》】**法華経方便品《ほうべんぼん》で、仏の究極《きゅうきょく》の悟《さと》りが「諸法実相《しょほうじっそう》」として説《と》かれ、「如是《にょぜ》相《そう》、如是性《しょう》」等ではじまる十如是で表現された。

〈注12〉涅槃経《ねはんきょう》巻二十七師子吼菩薩品《ししくぼさつほん》第十の一には「我《われ》、常《つね》に『一切衆生《いっさいしゅじょう》に悉《ことごと》く仏性有《ぶっしょうあ》り、乃至《ないし》、一闡提《いっせんだい》等亦《また》、仏性有り』と宣説《せんぜつ》す」「一闡提等は善法《ぜんぽう》有ること無し。仏性も亦、善なるも、未来に有るを以《もっ》ての故《ゆえ》に、一闡提等悉く仏性有り」等とある。

〈注13〉**【記別《きべつ》】**仏《ほとけ》が弟子《でし》の未来の成仏《じょうぶつ》を保証《ほしょう》し、その時の仏としての名、国土の名称《めいしょう》、劫《こう》（時代）の名称を明《あき》らかにすること。

〈注14〉「法華経題目抄」に説《と》かれる。「開《かい》」の義《ぎ》は、仏の悟《さと》りを開きあらわすこと。「具足《ぐそく》」の義は、一切の法が完全に具《そな》わっていること。「蘇生《そせい》」の義は、蘇《よみがえ》らせる力《ちから》があること。

〈注15〉**【改転《かいてん》の成仏《じょうぶつ》】**歴劫修行《りゃっこうしゅぎょう》の中で生まれ変わって身《み》を改《あらた》め転《てん》じて成仏すること。この一生のうちにその身のままで成仏する一生成仏、即身《そくしん》成仏に対する語。法華経提婆達多品《だいばだったほん》に説かれる竜女《りゅうにょ》の成仏は即身成仏の例である。

〈注16〉【舎利《しゃり》弗《ほつ》】既出（本書一三六ページ参照）。

〈注17〉【当位即妙《とういそくみょう》・不改本位《ふかいほんい》】「当位即妙」は「当位、即《すなわ》ち妙なり」と読む。妙楽大師《みょうらくだいし》の『法華玄義《ほっけげんぎ》釈籤《しゃくせん》』の文《もん》。十界《じっかい》の衆生《しゅじょう》が、そのままの位《くらい》を動ずることなく、即《そく》、妙覚《みょうかく》（仏）の位であることをいう。「不改本位」は「本位を改《あらた》めず」と読む。九界の衆生が各自の本来の位を改めることなく、そのまま即身成仏《そくしんじょうぶつ》することをいう。

〈注18〉【竜樹《りゅうじゅ》】既出（本書七七ページ参照）。

〈注19〉【「始聞仏乗義《しもんぶつじょうぎ》」】建治《けんじ》四年（一二七八年）二月二十八日、身延《みのぶ》で著《あらわ》されて下総国《しもうさ》（千葉県北部）に住む富木常忍《ときじょうにん》に与《あた》えられたお手紙。

〈注20〉【貪瞋癡《とんじんち》の三毒《さんどく》】既出（本書七六ページ参照）。

〈注21〉【十悪《じゅうあく》・四重《しじゅう》】十悪とは、身《み》の三種、口《くち》の四種、意《い》の三種、合計十種の悪業《あくごう》をいう。身の悪には殺生《せっしょう》など、口の悪には妄語《もうご》（虚言《きょげん》）など、心の悪には貪欲《とんよく》などが挙《あ》げられる。四重とは四重禁戒《きんかい》のことで、殺生、偸盗《ちゅうとう》、邪婬《じゃいん》、妄語の四つで、出家僧《しゅっけそう》がこれを犯《おか》せば教団を追放《ついほう》されるという最《もっと》も厳重《げんじゅう》な禁制《きんせい》。

〈注22〉【四苦八苦《しくはっく》】生命が免《まぬか》れがたい根源的《こんげんてき》苦《くる》しみで、四苦とは、生・老・病・死の四種の苦で、これに愛別離苦《あいべつりく》（愛するものとの別離《べつり》の苦）、怨憎会苦《おんぞうえく》（敵対《てきたい》し憎《にく》むものに会ってしまう苦）、求不得苦《ぐふとっく》（求めるものが得られない苦）、五盛陰苦《ごじょうおんく》（活発《かっぱつ》な心身の働《はたら》きによって起こる苦）を加《くわ》えて八苦という。

〈注23〉【富木常忍《ときじようにん》の母】息子の富木常忍とともに日蓮大聖人の門下《もんか》となり、高齢《こうれい》にもかかわらず縫《ぬ》った帷子《かたびら》を大聖人に御供養《ごくよう》し、病《やまい》に伏《ふ》せて富木常忍の妻の看護《かんご》を受けつつ九十歳を超《こ》える長寿をまっとうして建治《けんじ》二年（一二七六年）二月下旬に亡《な》くなった。その翌月、富木常忍は母の遺骨《いこつ》を頸《くび》に懸《か》けて身延《みのぶ》の大聖人のもとを訪《おとず》れ追善回向《ついぜんえこう》の祈りを心ゆくまで行《おこな》った。

池田大作（いけだ・だいさく）
　1928年〜2023年。東京生まれ。創価学会第三代会長、名誉会長。創価学会インタナショナル（SGI）会長を歴任。創価大学、アメリカ創価大学、創価学園、民主音楽協会、東京富士美術館、東洋哲学研究所、戸田記念国際平和研究所などを創立。世界各国の識者と知性の対話を重ね、平和、文化、教育運動を推進。モスクワ大学、グラスゴー大学、デンバー大学、北京大学など、世界の大学・学術機関の名誉博士、名誉教授。国連平和賞をはじめ、桂冠詩人、世界民衆詩人の称号、世界桂冠詩人賞、世界の各都市の名誉市民の称号など多数受賞。
　主な著書に『人間革命』（全12巻）、『新・人間革命』（全30巻）、『私の世界交遊録』など。対談集にも『二十一世紀への対話』（A・J・トインビー）、『人間革命と人間の条件』（A・マルロー）、『二十世紀の精神の教訓』（M・ゴルバチョフ）、『地球対談　輝く女性の世紀へ』（H・ヘンダーソン）など多数。

開目抄講義（上）

二〇〇六年六月　六日　発　行
二〇二五年五月三十日　第十四刷

著　者　**池田大作**
発行者　**小島和哉**
発行所　**聖教新聞社**
〒一六〇―八〇七〇　東京都新宿区信濃町七
電話　〇三―三三五三―六一一一（代表）
印刷所　株式会社　精興社
製本所　牧製本印刷株式会社
落丁・乱丁本はお取り替えいたします

定価はカバーに表示しています
ISBN978-4-412-01332-2